特別支援教育

個別最適化された学び × 協働的な学びを実現するICT活用

ロイロノート

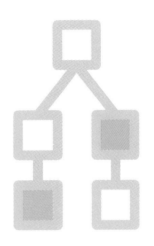

［監修］
水内豊和 ●島根県立大学人間文化学部保育教育学科

［編著］
後藤匡敬 ●熊本大学教育学部附属特別支援学校
山崎智仁 ●旭川市立大学

［執筆］（五十音順）
井手尾美樹 ●熊本市教育委員会総合支援課特別支援教育室
稲田健実 ●福島県立相馬支援学校
上羽奈津美 ●熊本大学教育学部附属特別支援学校
奥田隼人 ●熊本大学教育学部附属特別支援学校
小田貴史 ●熊本大学教育学部附属特別支援学校
小原一志 ●岩手大学教育学部附属特別支援学校
金森光紀 ●富山大学教育学部附属特別支援学校
小薗大将 ●福岡県立小倉聴覚特別支援学校
瀧脇隆志 ●富山県立しらとり支援学校
多田肇 ●熊本大学教育学部附属特別支援学校
日置健児朗 ●熊本県立小国支援学校
深谷久美子 ●名古屋市立南特別支援学校
福本幹彦 ●熊本県立小国支援学校
本川琢磨 ●富山大学教育学部附属特別支援学校
松本和也 ●熊本県立小国支援学校
村上精一 ●熊本市立弓削小学校

［執筆協力］
鍵本優紀 ●株式会社LoiLo

さくら社

ロイロノート・スクール
人気の秘密

　自治体によって、導入されている GIGA スクール端末は、Windows PC、Google Chrome、iPad と異なります。そしてそれぞれの OS に親和性の高いオフィスソフトが最初から入っています。障害のある子どもを含めた多様な実態の児童生徒の教育において、先生方の創意工夫によって、それだけでも魅力的な学びを提供することもできるでしょう。

　しかし、全国に目をやると、ロイロノート・スクールは、小学校、中学校、特別支援学校など学校種を問わず、実に多くの学校現場で導入されています。まだ導入されていない学校の先生の中には、なんとなく、「ロイロノート・スクールって、個人のカードを端末間で簡単にシェアしたり管理できるものだよね」という程度の認識はお持ちの方もいらっしゃるでしょう。あるいはロイロノート・スクールのことを少しご存知の方であれば、「あれがうちの学校にも導入してくれれば、もっと視聴覚に訴えて、個別最適化した学び、協働的な学びのある教育活動を子どもたちに提供できるのになぁ」と思っている方もいるかもしれません。ある自治体ではロイロノート・スクールが万能で先生方が使用しすぎるがゆえに、もっと別のアプリの使用を勧奨されたといった話も聞いています。

　ロイロノート・スクールは、GIGA スクール端末にプリインストールされているアプリとは異なり、自治体もしくは学校単位で契約しなければならない有料アプリです。それにも関わらず、こうして学校の先生方に人気を博して活用されている理由ははたして何なのでしょうか？

　実は、私が一番その理由を知りたくて、当代の知的障害特別支援学校における ICT 活用マイスターとも言うべき後藤匡敬先生と山崎智仁先生に、「ロイロノート・スクールの実践集を作ったらどうかな？」と提案したことから、本書ができました。

　本書は、ロイロノート・スクールがあることで、知的障害のある児童生徒の学びを確実に広げ、深める実践事例を数多く収載しています。

　小学部から高等部まで、さまざまな教育活動（コミュニケーション、児童生徒の活動／学習、家庭の支援、教師の支援）、そして個別指導か集団指導かなど、ページの上部とサイドにある、それぞれの事例を特徴

付けるタグの多様さに見られるように、さまざまな機能を内包したアプリであるロイロノート・スクールの活用シーンは実に無限大なのです。

ところで、令和5年6月16日に示された、教育振興基本計画では、2040年以降の社会を見据えた教育政策におけるコンセプトとも言うべき総括的な基本方針として「持続可能な社会の創り手の育成」と「日本社会に根差したウェルビーイングの向上」とを掲げ、その基本的な方針の一つとして教育DX（デジタル・トランスフォーメーション）の推進を明確に位置付けています。そこでは「DXの推進に当たっては、デジタル機器・教材の活用はあくまで手段であることに留意することが必要である。教育DXを進めた上で、デジタルも活用して問題解決や価値創造ができる人材の育成こそが目指されるべきである。」（下線は筆者）と述べられています。

つまり、GIGAスクール端末の1人1台配備は、先生方へはもとより、今とこれからを生きる子どもたちにとって必要不可欠な学びのための「基礎的環境整備」によるス

タートラインへの到達にすぎません。その上で機能面や能力的に困難さのある児童生徒の教育的ニーズに合わせて走り出すため、方法で支援することで活動を高め参加を広げるための「合理的配慮」の提供が求められています。その点、ロイロノート・スクールは、OSを問わず、直感的操作により、さまざまな入力方法が保証され、時も場所も限定されず動画も静止画も音声も簡単に統合したデータカードにし、他者ともたやすく共有し、コミュニケーションを創発し、学びあうことを可能にします。ロイロノート・スクールを教材・教具、あるいは自助具として導入することは、ともすれば自己肯定感が低いことの少なくない障害のある子どもにとって、できた、わかった、うれしいを保証し、さらには今とこれからにわたって問題解決や価値創造ができるようにしていく上で有力な支援ツールになることが期待できます。

加えて、教育振興基本計画において、ウェルビーイングとは「身体的・精神的・社会的に良い状態にあることをいい、短期的な幸福のみならず、生きがいや人生の意義など将来にわたる持続的な幸福を含むもので

ある。また、個人のみならず、個人を取り巻く場や地域、社会が持続的に良い状態であることを含む包括的な概念である」と定義されていますが、本書に収載した実践では、「子どものウェルビーイング」につながる教育活動を可能にすることはもちろんのこと、先生方同士の連携、学校と家庭との連携においても大活躍しており、このことは「先生のウェルビーイング」にも寄与することは間違いありません。

ロイロノート・スクールは国産アプリとして、痒いところに手がとどく、日本人の感性にフィットした素晴らしい仕様のアプリだと思います。またロイロノート・スクールのホームページを見ていただくとわかりますが、手厚いサポートを受けられることはもとより、活用に関する Tips や全国の先生方の活用実践などの情報も豊富です。そしてこのアプリは現場の先生方の声を反映してより良いものになるよう、絶えずアップデートされ続けています。本書においても、（株）LoiLo の鍵本優紀さんにテクニカルな面での協力をいただきました。また以前から素晴らしい本作りをされていて、い

つかお仕事をご一緒したいと思っていた（株）さくら社さんから、特別支援教育分野で初めての ICT 活用の書籍として本書を刊行していただけること、とてもうれしく思っております。

本書との向き合い方として、ロイロノート・スクールがないとできないことを探すのではなく、ロイロノート・スクールがあると魅力的で子どもの学びファーストになる教育活動のアイデアが創発されるかも、と実践事例を眺めてみる、そんな読み方をオススメします。

本書を手に取ってくださった先生によって、ロイロノート・スクールが障害のある児童生徒の今とこれからを生きる力を高め、ウェルビーイングにつながることを願っています。

2023 年 8 月吉日

〈監修者〉
島根県立大学人間文化学部保育教育学科

准教授　水内豊和

特別支援教育×ロイロノート：個別最適化された学び・協働的な学びを実現する ICT 活用 **もくじ**

監修のことば ● ロイロノート・スクール　人気の秘密 ……………………………………… 2

◎ **GIGA スクール構想と特別支援教育** ……………………………………………… 10
◎ロイロノート・スクールで何ができるのか ……………………………………… 14
◎ロイロノート・スクールをはじめるまで ……………………………………… 16
◎ **Tips** ロイロノート・スクールの基本操作 **20** 選 ……………………………… 17

┃ 実践事例 **28** 選 ┃

事例 **01**　（特別支援学校・小学部 3 年　国語　知的障害）　　　　　　　　　22

自分の名前を読もう! 書こう!
──カードを並べ替えて、録音して、書き込んで提出

事例 **02**　（小学校 3 年　国語　自閉症・情緒障害）　　　　　　　　　　　26

「心の数直線」を使って読み取ろう!
──「カードインカード」機能で、登場人物の気持ち、自分の考えを「心の数直線」で表す

事例 **03**　（特別支援学校　小学部・中学部／全学年　国語　知的障害）　　30

ものの名前を覚えよう!
──学校でも家庭でも楽しく文字ならべ

事例 **04**　（特別支援学校　中学部／2・3 年　国語　知的障害）　　　　　34

平仮名を読んで書いてみよう!
──録音を聞いて、聞いた文字を手描き機能で書く

事例 **05** （特別支援学校　高等部／1年　国語　肢体不自由）　　38

日本古典文学を読んで伝えよう！
──カード作成、手描き機能（ペン、蛍光ペン、消しゴム、やり直し）を利活用して、ストーリーを絵で表現

事例 **06** （特別支援学校　中学部／1〜3年　数学　知的障害）　　42

図形を組み合わせて形作りをしよう！
──カードを組み合わせて形を作り、提出箱に提出

事例 **07** （特別支援学校　中学部／全学年　数学　知的障害・自閉症・情緒障害）　　46

折り紙を単位にした「広さ」ランキング作り
──共有ノートを使って、みんなで役割分担

事例 **08** （特別支援学校　中学部／2年　数学　知的障害）　　50

5までの数の合成分解
──カードと手描き機能で「あわせたら？」

事例 **09** （特別支援学校　高等部／2年　理科　知的障害）　　54

雲の種類とできる高さについて調べよう！
──複数のカードを自由に移動させて、図表を完成させる

事例 **10** （特別支援学校　高等部／2年　理科　知的障害）　　58

てこを利用した道具について調べよう！
──写真や動画などを送り合い、協力して調べ学習に取り組む

事例 **11** （特別支援学校　中学部／全学年　音楽　知的障害・自閉症・情緒障害）　　62

音を想像して自由に表現しよう！
──録音機能を使って映像に音声を重ねてみる

事例 **12** （特別支援学校　高等部／全学年　音楽　知的障害・自閉症・情緒障害）　66

ボディパーカッションをしよう！
──カードを組み合わせてリズムや振り付けを考える

事例 **13** （特別支援学校　中学部／全学年　保健体育　知的障害・自閉症・情緒障害）　70

10分間走の目標設定と振り返り
──手描き機能を使ってカードに記入しデータ管理

事例 **14** （特別支援学校　中学部／全学年　職業・家庭　知的障害・自閉症・情緒障害）　74

楽しみながら操作をマスターしよう！
──カメラと録音と手描き機能で活用が広がる

事例 **15** （特別支援学校　高等部／全学年　特別の教科 道徳　知的障害・自閉症・情緒障害）　80

見える、わかる、伝え合える表出づくり
──アプリ連動や回答共有を用いて相互理解する

事例 **16** （特別支援学校　中学部／全学年　日常生活の指導　知的障害・自閉症・情緒障害）　84

学校の準備をしよう
──カードとカメラで忘れ物0作戦

事例 **17** （特別支援学校　中学部／全学年　生活単元学習　知的障害）　88

先輩を思い浮かべながら寄せ書きを書こう！
──共有ノートを使って、同時に編集

事例 **18** （特別支援学校　中学部／1〜3年　作業学習　知的障害）　92

振り返りと改善を促す作業評価シート
──情報の一元化による効率的な評価システム

事例 **19** （特別支援学校　高等部／全学年　作業学習　知的障害）　96

陶芸製品を作って、販売しよう！
──2月販売会に向けての目標をシンキングツールで話し合う

事例 **20** （特別支援学校　小学部／5・6年　自立活動　知的障害）　100

「キュベットくん」を案内しよう！
──プログラムを表現して、提出箱を使ってみんなに発表する

事例 **21** （小学校／中・高学年　自立活動　自閉症・情緒障害）　104

自分の「トリセツ」をつくろう！
──シンキングツールで気持ちを振り返り、自分のことをよく知る

事例 **22** （特別支援学校　小学部／4〜6年　自立活動　聴覚障害）　108

ネットニュース、新聞の感想共有
──共有ノート及び提出箱を使って意見交流＆相互評価

事例 **23** （小学校／3・4年　自立活動　知的障害）　112

熱中症から自分を守ろう！
──写真と手描き機能を使って、熱中症を防ぐための格好を表現する

事例 **24** （特別支援学校　高等部／1年　自立活動　肢体不自由）　116

自分を知ろう！
──シンキングツールを使って長所短所等をまとめ、共有ノートで話し合う

事例 **25** （特別支援学校　中学部／1〜3年　総合的な学習の時間　知的障害）　120

いろいろな食物を旬の季節に分類しよう！
──カード機能を使って、分類する

事例 **26** （特別支援学校　中学部／全学年　特別活動　知的障害・自閉症・情緒障害）　124

イライラしたらどうしよう
──画面共有で友だちの考えを参考にする

事例 **27** （小学校・中学校／教師　全教科・領域　知的障害・自閉症・情緒障害）　128

支援者を対象としたケース会議
──笑顔いきいき特別支援教育推進事業の巡回相談における手描き機能やカード作成

事例 **28** （小学校／全学年／教師　全教科　障害の種類問わず）　132

ロイロノートで単元計画を立てよう！
──カードとシンキングツールで単元全体をデザイン

◎ちょっとひと工夫　ノート整理術 ……………………………………………… 78
◎知的障害や発達障害のある子どもとロイロノート ……………………………… 136
◎関連情報 ………………………………………………………………………… 140

GIGA スクール構想と特別支援教育

■ 後藤匡敬
熊本大学教育学部附属特別支援学校

「GIGA スクール構想」により、学校でのタブレット利用が進んでいます。
うまく使えば、自分の可能性を広げてくれるタブレット。その向き合い方を、積極的なタブレット活用を経験する中で学習し、タブレットを自分の味方にしていってほしいです。

スマートフォンと家庭と学校

「スマートフォンをお持ちですか？」

きっと、多くの方がお持ちかと思います。スマートフォンをお持ちの皆さんはどのようなことに使っているでしょうか。時間通りに起きるためのタイマー、雨に濡れないための天気予報の情報収集、道路の渋滞情報やバスや電車の遅延情報の確認。友だちとのメッセージのやりとりや、プライベートや仕事のメールの確認、ニュースやSNS のチェックに銀行口座の残高チェック。ネットショッピングに、好きな音楽のプレイヤー、ちょっとしたメモ、駅の改札での支払い、そして……電話。すべてこの１台で解決してくれます。まさに、オールインワン。それは自分が安心して生活するためのパートナーかのようです。

ではもう一つ質問します。

「学校でスマートフォンの使い方を子どもたちに教えたことはありますか？」

携帯電話安全教室等の単発的なものではなく、授業や学校生活の中で継続的に教えたことがあるか、というニュアンスです。さて、どういう回答が思い浮かんだでしょうか。

総務省の調査によりますと、2020 年の情報通信機器の世帯保有率は、モバイル端末（携帯電話・PHS 及びスマートフォン）が９割、スマートフォンが８割を超えています。自分のスマートフォンを持っていなくても、各家庭ではスマートフォンがあるため、触れる機会は多くあるのが実態です。「自分のものは持っていないけど、家族のものを一緒に使っている」「使わなくなったスマホを、家の Wi-Fi につないで使っている」という話もよく耳にするのではないでしょうか。スマートフォンでなくても、ネット接続できるゲーム機やテレビの録画機など、子どもたちはネットを家庭や社会では当たり前のように使っています。

一方、学校現場ではどうでしょう。スマートフォンは、ネットを介したコミュニケーションのトラブルやスマホ依存など、正常な生活を乱す元凶として、以前からどこか遠ざけられている節があります。学校の授業でスマートフォンを使うことも原則ないので、スマートフォンの使い方や向き合い

方を教える機会も設けないことになります。結局、子どもたちがスマートフォンと向き合い始めるのは、自分がスマートフォンを手にした瞬間から、ということになります。

家庭と学校、子どもたちを取り巻くICT環境には、大きなズレがあるように見えます。

GIGAスクール構想とは

スマートフォンを敬遠してきた教育現場でしたが、ここのところ、大きな動きが出ています。令和元（2019）年12月に文部科学省が打ち出した「GIGAスクール構想」です。ご存じでしょうか。これまでも日本では、ICTを教育に活用することを目的に様々な施策が行われてきましたが、このGIGAスクール構想はこれまでの施策よりもかなりインパクトのあるもので、タブレット型の情報端末が学校現場に急ピッチで整備されました。スピード感をもって整備された背景には新型コロナウイルスの大流行がありますが、タブレット端末等の整備は、コロナ禍とは関係なく、元々計画されたものでした。

そもそもGIGAとは、「Global and Innovation Gateway for All」の略で、直訳すると、「全ての児童・生徒のための世界につながる革新的な扉」という意味です。「GIGAスクール構想」は簡単に言うと、学校情報化のことで、教育現場に「1人1台のコンピュータ（タブレット）端末」と「高速大容量通信」、そして「クラウド活用」というICT環境整備が進められたもので、情報端末を積極的に教育に利用する流れが起きています。2020年以降の約3年半で、学校にタブレットがたくさん入ってきたなと感じている方も少なくないでしょう。

GIGAスクール構想により、「1人1台端末と、高速大容量の通信ネットワークを一体的に整備することで、特別な支援を必要とする子どもを含め、多様な子どもたちを誰一人取り残すことなく、公正に個別最適化され、資質・能力が一層確実に育成できる教育ICT環境を実現する」ことと、「これまでの我が国の教育実践と最先端のICTのベストミックスを図ることにより、教師・児童生徒の力を最大限に引き出す」ことが期待されています。特別支援教育で学ぶ子たちも含め、多様な学びの形に対応するためのツールとして、タブレットが整備されています。タブレットが学校で児童生徒に配付されたことで、学習での活用が進んでいることでしょう。

またタブレットは、スマートフォンの画面が大きくなったようなものですので、1人1台のタブレットが学校現場に整ったことで、生活のパートナーになり得るスマートフォン等のICT機器について、学校で丁寧に学ぶ環境が整ったとも言えます。家庭と学校の環境にあったICT環境のズレが、少しずつ埋まってきています。

GIGAスクール構想と特別支援教育

GIGAスクール構想により、タブレットの教育利用が日常化した時、特別支援教育にどのような影響を及ぼすのでしょうか。特別支援教育では、以前から子どもたちを支援する技術として、ICTは注目されてきました。文部科学省の資料「特別支援教育におけるICTの活用について」によりますと、「特別支援教育におけるICT活用の視点」として以下の2点が挙げられています。

視点1：教科指導の効果を高めたり、情報活用能力の育成を図ったりするために、ICTを活用する視点

視点2：障害による学習上又は生活上の困難さを改善・克服するために、ICTを活用する視点

授業でICT活用が日常化すると、視点1や視点2のように、子どもの支援が進み、結果的に子どもの可能性を広げることができます。以前はICTの中心はパソコンでしたが、ディスプレイを見ながらマウスを動かすという、画面と操作面の関係性を理解する必要がありました。以前からタッチパネル式のディスプレイはありましたが、同様に画面を触れば反応するタブレットやスマートフォンが登場すると、その携帯性やレスポンスのよさもあり、利用の中心がタブレットやスマートフォンにシフトしています。知的障害のある児童生徒にとっては、直感的に画面を操作できるタブレットは、画面と操作面が一致しているので扱いやすいようです。

そのタブレットやスマートフォンには、「アクセシビリティ機能」というものがあります。この言葉、ご存じでしょうか。スマートフォン等の端末を扱う利用者が、端末の情報にアクセスしやすくするための機能として、タブレット自体にアクセシビリティ機能（ユーザー補助機能）が備わっています。例えば、小さな文字を大きく表示できる拡大鏡やズーム、選択した文字を読み上げる機能、音声で端末を操作する機能など、端末の初期状態では操作が難しい場合に、自分に合った機能を組み合わせて自分好みにカスタマイズできます。文字の読み上げの場合、声のスピードや声の性別など、細か

く設定できる機種もあります。また、見通しをもって生活するためのスケジュール管理アプリや、コミュニケーションの表出をサポートするアプリ等、自分に合ったサービスを、自分で選んで受けることができます。これらは、タブレットやスマートフォンがあれば実現します。

このように、機能性や操作性に優れたタブレットやスマートフォンは、うまく使うことができれば、特別支援教育対象の子たちの生活の可能性を広げる、味方になってくれるような存在となり得ます。そのためには、タブレットやスマートフォンについて、丁寧に学ぶ機会が必要となります。

普段使いをしくむ

子どもたちの可能性を広げてくれるかもしれないタブレットやスマートフォンといった情報端末ですが、それらを使いこなすためにはタブレット等の基本的な操作スキルが必要となります。この基本的な操作スキルについて、タブレットが学校にない時代に子どもたちに指導するのは非常に困難でした。実機が手元にない状況では普段使いができないため、操作スキルが身につかないのです。GIGAスクール構想で1人1台のタブレットが整備された今、タブレットが日常的なものとなり、将来の生活のパートナーであるタブレットやスマートフォンと向き合うための学びがしやすくなったと感じています。私が所属する熊本大学教育学部附属特別支援学校では、基本的操作スキル等を丁寧に学ぶ「情報」の授業を実施しています。タブレットは高価で精密なため優しく扱う必要があること、タブレットの基本操作、タブレットを自分に合う形で

カスタマイズする方法、タブレットを使う上での健康上の留意点など、タブレットと向き合うための基本的な知識や技能を学んでいます。タブレットの基本を「情報」の授業で学んでから、様々な他教科の授業でタブレット活用が自然に広がっていき、現在はタブレットが学習の道具の1つとして、選択肢に入るまでになりました。

このように、学校段階でタブレットと向き合い、自分の生活の味方にして活用できるようになれば、今後自分のスマートフォン等のICT機器を手にした際の、適切な活用に結び付くのではないかと感じます。

アプリ「ロイロノート・スクール」

ここまで、タブレットについていろいろ書いてきました。簡単にまとめると、
① 以前は学校ではタブレット端末を教育利用することはなく、スマートフォン等が日常的に使われている家庭と、ICT環境の大きなズレがあった
② タブレットが学校現場に導入され始め、タブレットの使い方や向き合い方などを丁寧に指導しやすくなった
③ タブレットは特別支援教育対象の子たちの味方やパートナーになる可能性がある
④ 学校段階でタブレットについて学習したことが、将来の適切なスマートフォン等のICT活用に結び付く
ということを述べてきました。

タブレットには、様々なアプリがインストールされており、タブレットはアプリとの組み合わせでその力を発揮します。授業支援クラウド「ロイロノート・スクール（以下、ロイロノート）」もアプリの1つです。有料のアプリで、各自治体や学校レベルで

契約し、導入されています。子どものタブレットにこのマークのアプリがあったら、ロイロノートがインストールされてい

ます。詳しくは、次ページで紹介しますが、本書は、特別支援教育におけるロイロノートの活用について積極的にチャレンジしてきた先生方の実践をまとめた本です。

ロイロノートは小学校や中学校、高等学校での実践をよく見かけます。実際に授業での活用実践をまとめた書籍もいくつか発売されています。しかし、特別支援教育に特化したものはこれまでありませんでした。特別支援教育でもロイロノートは活用されています。現に、知的障害や発達障害のある子どもたちがタブレットの画面上で操作をスムーズにこなし、自分たちの思考を表現している姿を私は幾度となく目にしてきました。「ロイロが好き」と口にする子どもも多いです。きっと、できることが多いから、操作に自信があるから、やり直しが利くからなのかもしれませんが、他にも理由がありそうです。執筆者の先生方がその実践でなぜロイロノートを使ったのか、どういった点でロイロノートが有効だったのか、その理由を、本書に掲載した実践を見ながら確かめてみてください。

【参考】
総務省（2020）「通信利用動向調査」
https://www.soumu.go.jp/johotsusintokei/whitepaper/ja/r03/html/nd111100.html
文部科学省（2020）「特別支援教育におけるICTの活用について」
https://www.mext.go.jp/content/20200911-mxt_jogai01-000009772_18.pdf

ロイロノート・スクールで何ができるのか

■山崎智仁
旭川市立大学

ロイロノートとは、クラウドサービス型の授業支援アプリです。カードに考えたことを書いたり、まとめたりすることが容易にできます。また、カードを友だちと交換することで、考えたことを比較でき、学びが深まります。直感的に使用できるデザインも魅力です。

ロイロノート・スクールとは

GIGA スクール構想が推進され、1 人 1 台端末の貸与が始まった際、当時、知的障害特別支援学校の情報主任を務めていた私は非常に頭を悩ませていました。なぜかというと、知的障害や発達障害のある子どもたちが 1 人 1 台端末を主体的に学習へ活用するビジョンが見えなかったからです。もちろん、カメラ機能を活用して育てている植物の画像を撮影したり、調べ学習でわかったことをスライド作成アプリでまとめたりするといったいくつかの活用方法は思いつきました。しかし、どれも限定的であり、子どもたちが 1 人 1 台端末を文房具の 1 つとして認識してくれるような日常的な活用方法の発見には至りませんでした。

そんな折、共に本書の編者を務める後藤さんに紹介してもらったのが「ロイロノート・スクール（以下、ロイロノート）」だったのです。直感的な操作感にわかりやすい UI（ユーザーインターフェース）を見て、これなら子どもたちも主体的に学習へ活用できると思いました。

ロイロノートとは、（株）LoiLo が開発・提供しているクラウドサービス型の授業支援アプリです。全国約 1 万校の教育機関にて導入されており、そのうちのおおよそ 365 校（2022 年 12 月時点（株）LoiLo 調べ）が特別支援学校になります。全国の特別支援学校が約 1160 校（文部科学統計要覧　令和 4 年版より）ということを考えるとおおよそ 3 分の 1 の特別支援学校に導入されており、これに小・中学校の特別支援学級も含めると多くの知的障害・発達障害のある子どもたちが利用していることがわかります。子どもたちがロイロノートを利用するには年額利用料がかかるため、簡単に導入できるものではありません（教師用アカウントは永久無料）。私の場合は、管理職を筆頭に全校職員にロイロノートの説明を行い、初年度完全無償モデル校として暫定的に導入させてもらいました（初年度完全無償モデル校については、（株）loiLo に問い合わせください）。そして、導入した結果、予想以上に子どもたちへの教育的効果が高かったため、正式に導入することとなったのです。

ロイロノートだからできること

ロイロノートには多種多様な機能があり、子どもの実態や授業の内容に合わせて様々なことを幅広く行うことができます（p.17

～ Tips 一覧参照）。その中でも特に代表的な機能は、カードを作成して考えを書くことができることでしょう（思考の可視化）。1人1台端末を活用すれば、ディスプレイをわずか2タップするだけでカードを作り出すことができ、考えたことを書き込めるのです。さらにそれらのカードをつなげたり、並べたりして考えをまとめることができます。ロイロノートはクラウドを介しているため、それらのカードを教師や友だちと容易に共有することもできます。カードを友だちと交換し、友だちの考えと自分の考えを比較することで共通点や相違点に気づき、考えが深まることも期待できるでしょう。教職員研修で模造紙と付箋を用意し、KJ法を行ったことがある先生なら想像も容易いのではないでしょうか。ロイロノートは、特別な準備がなく、手元の端末でKJ法やブレインストーミングのようなことができるわけです。

ロイロノートのよさは機能面だけではありません。様々な実態のある子どもたちにおいても直感的に使用できるようにUIが設計されているのです。

図1の画像は、カードに指やスタイラスペン等で文字やイラストをかく際に使用するツールボックスです。どこでペンの種類を変更するのか、どこで色を変えるのかなどがアイコンで一目瞭然となっています。

図1

これを例に、全体的にアイコンを用いたUIとなっているため、知的障害や発達障害のある子どもたちにアイコンとともに機能を説明したり、実際に試してもらったりすることで使い方を比較的容易に理解してもらうことができます。図2の「おみくじ」は、私がロイロノートを初めて使う子どもたちに導入

なにが　でるかな？

図2

として使用するものです。特に機能を説明しなくても、見本を示せば子どもたちは消しゴムツールで銀色の箇所を削り、おみくじを楽しみ始めます。このように直感的に使える点も特別支援学校において導入されている理由の一つだと思います。

所属する教育機関にロイロノートが導入されているものの、どう活用すればよいのかわからない、使ってみたいけど操作の仕方がわからないといった方もいらっしゃるかと思います。本書を参考に使ってみていただければ、ロイロノートがいかに子どもたちの学びを深め、子どもにも教師にも使いやすいものなのかがわかっていただけると思います。また、本書で紹介する事例はどれも特別なものではなく、多くの特別支援学校等で行われている学習活動にロイロノートを効果的に取り入れたものになります。そのため、今日からでもすぐに教育活動に取り入れることができると思います。是非、子どもたちと一緒に楽しみながらロイロノートを活用してみてください。次第に、「ロイロノートでこんなことができそうだ！」とアイディアが溢れ出てくるようになると思います。ロイロノートの活用方法は無限大です。先生方の新しい使い方の発見を楽しみにしています。

【参考】
文部科学統計要覧（令和4年版）https://www.mext.go.jp/b_menu/toukei/002/002b/1417059_00007.htm

ロイロノート・スクールをはじめるまで

後藤匡敬

ロイロノートの基本操作に入る前に準備することがあります。まず最初にこれらの手順からスタートし、ロイロノートをはじめましょう。

1 必要情報を記載しログイン

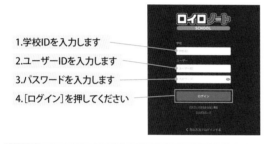

1.学校IDを入力します
2.ユーザーIDを入力します
3.パスワードを入力します
4.[ログイン]を押してください

ロイロノートを起動したら、「学校ID」「ユーザーID」「パスワード」といったログイン情報を入力します。ログイン情報は、管理者（自治体や各校の担当者）から発行されますので、大切に保管してください。

2 授業／ノートを選択

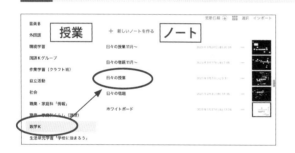

授業→ノートの順に選び、ノートを開きます。初めて開くときは「授業の追加」や「ノートを新規作成」で新しい授業やノートを作成できます。

3 作業スタート

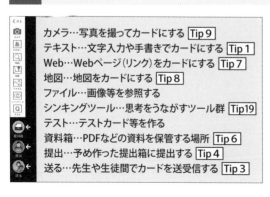

カメラ…写真を撮ってカードにする Tip 9
テキスト…文字入力や手書きでカードにする Tip 1
Web…Webページ（リンク）をカードにする Tip 7
地図…地図をカードにする Tip 8
ファイル…画像等を参照する
シンキングツール…思考をうながすツール群 Tip19
テスト…テストカード等を作る
資料箱…PDFなどの資料を保管する場所 Tip 6
提出…予め作った提出箱に提出する Tip 4
送る…先生や生徒間でカードを送受信する Tip 3

カードを作って、ロイロノートをはじめましょう。文字入力は以下の通り。

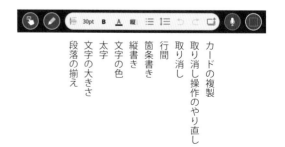

カードの複製
取り消し操作のやり直し
取り消し
行間
箇条書き
縦書き
文字の色
太字
文字の大きさ
段落の揃え

Tips ロイロノート・スクールの 基本操作20選

後藤匡敬・鍵本優紀

後述する実践事例には、こちらで紹介したTipsがたくさん登場します。実践事例とTipsを行ったり来たりしながら、読み進めてください。各Tipsには、参考となる二次元コードを付けています。動画の情報やサポートページの情報にアクセスできるようにしているので、ご活用ください。

Tip 1　カード作成

まずはカードを作ることから始まります。[+]を押してカードにテキストを入力したり、画像自体をカードにして手描き機能を使って書き込んだりできます。大きさも自在に、直感的に変更できます。

Tip 2　カードをつなぐ

カードの右上の黄色い矢印を他のカードにつないだり、並べ替えたりすることで、簡単にプレゼンテーションを作ることができます。

Tip 3　カードを送る

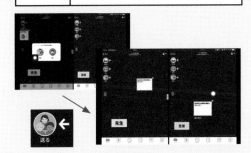

カードを「送る」に動かして、送り相手を指定すると、作ったカードを相手に送ることができます。自分に送ることも可能です。

Tip 4　提出箱

生徒がカードを提出箱に動かし提出します。先生からは提出期限を設定でき、児童生徒全員の提出物を閲覧できます。また再提出ができ、提出物の履歴をさかのぼって閲覧できます。

Tip 5	回答共有

教師側で設定することで、生徒同士がお互いの回答を共有でき、それぞれ見比べながら、学び合うことができます。

Tip 6	資料箱

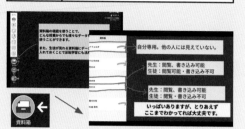

ロイロノートのカードを保管し、共有できる場所です。自分だけのフォルダや先生や生徒が閲覧・書き込みできるフォルダなど、様々な階層があり、用途で使い分けることができます。

Tip 7	Web カード

Web ページをカードにすることができます。虫眼鏡のアイコンを押すと、埋め込まれたURL 先の Web ページを表示でき、右上のカメラボタンでロイロノートのカードにできます。

Tip 8	地図

手書きやテキストを加えられる地図を表示できます。Web 版のロイロノートでは利用できません。

Tip 9	カメラ

カメラのアイコンを押すと、写真や動画をカードとして取り込むことができます。

Tip10	録音

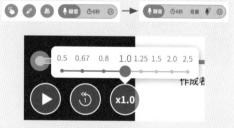

カードには端末のマイクを使って録音することができます。録音したものは、再生速度を変更することもできます。

Tip11 | 手描き機能

ペン　消しゴム　定規　ペンの色　取り消し操作の
やり直し
マーカー（半透明）　線の太さ　取り消し

ペンの色や太さを選び、カードに自由に書き込めます。描画したものを選択し動かすこともできます。直線を引ける定規の機能や、一定時間で消えるレーザーポインター機能もあります。

Tip12 | 画面配信

先生が自分の見ているものを、生徒の画面に配信することができます。レーザーポインターで書き込んだものも、そのままリアルタイムで反映されます。

Tip13 | 生徒発表

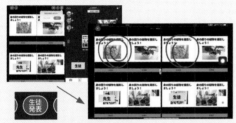

先生が生徒の提出物を選び、「生徒発表」を押すと、生徒が先生や他の生徒の端末に自分の画面を配信できるようになります。拡大や縮小、画面への書き込み等の操作もリアルタイムで反映されます。

Tip14 | Web版ロイロノート

Webブラウザを使ってロイロノートにログインできるため、様々なOSで活用できます。パソコンで作成したPDFはWeb版ロイロノートにマウスで移動してカードにできます。

Tip15 | 操作ロック

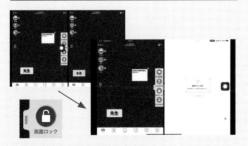

画面以外に注意を促す場合は、その間、生徒が操作できないように、教師用画面から操作をロックする機能があります。

Tip16 | タイムライン

これはテストです

「送る」をタップするとタイムラインを確認できます。タイムラインでは「送る」から送ったカードを確認でき、使用することができます。

Tip17	インポート・エクスポート

ノートや資料箱にデータをインポートしたり、逆にノートや資料箱からエクスポートしたりできます。

Tip18	カードインカード

カードを重ねると、上のカードが下のカードの中に入ります。文字を入力したり、手描き機能で書き込んだり大きさを変えたりできます。動かないようにピンで固定することもできます。

Tip19	シンキングツール

様々な仕切り線が入ったシンキングツールにより、思考を可視化し、自分の考えをまとめるのに活用できます。ツールの切り替え機能で、様々なシンキングツールに変更できます。

Tip20	共有ノート

一つのカードを複数人で同時に接続し、同時に編集できる機能です（共有ノートは試験中の機能で、活用する前にロイロの「設定」を開いて有効にする必要があります）。

他にも、テストカードやアンケートカード、出欠カード、ロイロ Web フィルターなど、様々な機能があります。さらに詳しく知りたい方は以下のページを参考にしてみてください。

https://youtube.com/playlist?list=PLdVoh9lBzX-QQeViva0LsoCPMav0osZgH

キーワード検索がおすすめ♪

https://help.loilonote.app/

特別支援教育×ロイロノート

成果・効果があった！
とびきりの実践事例28選

事例の見方

学齢や障害の種類など、さまざまな実態をもつ子どもたちに対応する特別支援教育ならではの教育活動。その多様なシーンで活用できることもロイロノートの特徴のひとつです。事例紹介では、その前提条件や活動の目的といった実践の特徴をタグなどで記号化して表示しています。

実施した教科等

実践を行った校種・学年
（各ページのカラーも校種によって異なります）

対象とした子どもの障害の種類

実践の種類（個：個人を対象としたもの／集団：学級など集団で行ったもの）

この実践で特に活用したロイロノートの機能。[Tip ○]について、詳しくは「Tips 基本操作20選」（p.17～20）を参照してください。

教育活動としての主な目的

特別支援学校　小学部／3年

| 国語（朝の学習） | （知的） | 熊本大学教育学部附属特別支援学校●奥田隼人

自分の名前を読もう! 書こう!

カードを並べ替えて、録音して、書き込んで提出

● 子どもの実態・授業形態

対象 平仮名のなぞり書きや発声はできるが、平仮名の視写や明瞭な発音、平仮名と音の
マッチングが難しい。間違えること、やり直しが苦手で受け身な姿が多い。

授業・実践 朝の支度後、朝の学習（国語）として指導。

● 実践概要

現状 視写では線の位置や方向、重なりを捉えることが難しく字体が崩れてしまう。また、文字
と音の1対1対応が不確実。紙を使った視写の練習では、間違えた際に消しゴムで消し
た線が薄く残ると混乱し学習意欲が低下する様子が見られる。

目標 ・平仮名の明瞭な発音と視写、書き（見本なし）ができる。
・ロイロノートで情報のやり取りができる。

ロイロを使った手立て [Tip10] 提示された平仮名の読みを録音する。
[Tip11] 手描き機能を使い、視写や書き（見本なし）をする。
[Tip18] 4色で組み合わせたカードを使って、線の位置や方向を正しく捉える。（教師側）

効果・成果 ・発音については、録音した自分の声を聞いて、はっきり聞こえないと自分でやり直す
姿が見られるなど、はきはきと平仮名を読むことができるようになった。
・書字については、4色カードの色を手がかりに線の位置や方向、重なりを正しく捉え
られるようになり、視写をしたり見本なしで平仮名を書いたりできるようになった。

● 実践のポイント

・録音による即時フィードバックにより改善がしやすい。
・4色カードや線の始点の黒丸（●）により線の位置や方向、重なりが捉えやすくなった
り、「赤から緑」等の具体的な声かけをしたりできる。

使い方

事前準備

1　単語の構成カードを作成する

カードを作成［Tip 1］する。カメラ［Tip 9］で児童の顔写真を撮りカード内に入れる。カードインカード［Tip 18］で名前（一文字ずつ）の平仮名カードを作成する。カード内の適当な場所に顔写真と平仮名カードを配置する。

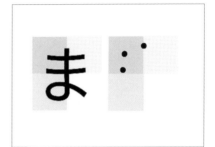

2　視写用のカードを作成する

1枚のカードの中に、4色のカードを入れてマス目になるように並べる。カードの中に透明カードを入れて平仮名1文字を入力して、マスの上に配置する。カードが動かないようピン留めする。必要に応じて手描き機能で始点を記す。

3　書き方の見本動画を作成する

②で作ったカードを使って、書き方の手本となる動画（タブレットの画面収録機能）を撮る。ファイルから撮った動画を追加する。

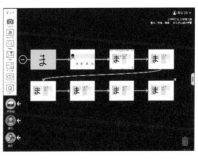

4　作成したカードをつなげる

②のカードを練習回数分複製して、①②③のカードをつなげる［Tip 2］。

5　1日分の課題を児童に送る

④で完成した1日分のカードを児童に送る［Tip 3］。

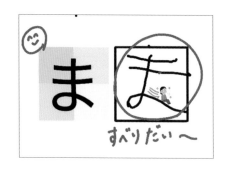

1 課題の確認と学習カードを提示する

前日の学習カードに対する評価コメントを児童と一緒に確認し、今日の学習カードを送り、開くよう伝える。

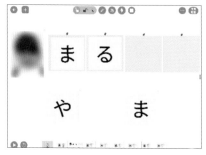

2 平仮名カードを使った名前の構成課題を提示する

平仮名カードを顔写真の横の枠に移動しながら並べ替え、名前を構成するよう促す。（右図は仮名）

3 平仮名を指差しながら発音、録音、再生を促す

「録音」［Tip10］ボタンを押して、2で構成した名前を1文字ずつ指差しながら「ま・る・や・ま（仮名）」と発音すること、「再生」ボタンを押して確認し、聞き取りづらい時は再度録音することを促す。

4 書き方の見本動画を提示する

再生ボタンを押して動画を見て、線の方向や動かし方等を児童と一緒に確認する。

5 手本の平仮名と 4色カードを提示する

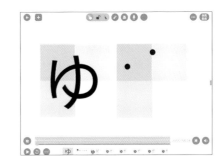

手描き機能を使い Apple Pencil（スタイラスペン）での視写を促す。はじめは始点の位置や線の方向について「青まで」「赤から緑」等の声かけをする。

正しくない時は、手描き機能の「戻る」ボタンで線を消したり、新しいカードを複製したりして、ヒントとなる点や線を書き加えて思考を整理して、再度ヒントなしのカードを提示する。

6 学習カードの送り方を説明する

終わった学習カードを「送る」ボタンにドラッグして、教師の名前を選択するよう促す。

実践者よりひとこと

　4色カードや動画によるペンの動きを教材に取り入れたことで、目からの情報を整理でき、"形"を正しく捉え、視写ができるようになったと考えます。また、ロイロノートを活用した教材により、児童の様子に応じた教材の改善を手軽に行うことができ、毎日、適切な難易度の課題を設定することができました。さらに、書きだけでなく、単語の構成や読み（発音）の学習を一体的に行えたことで、それぞれの学びが絡み合い、児童の変容につながったと考えます。

| 国語 | 自閉情緒 | 熊本市教育委員会総合支援課特別支援教育室●井手尾美樹 |

「心の数直線」を使って読み取ろう！

「カードインカード」機能で、登場人物の気持ち、
自分の考えを「心の数直線」で表す

● 子どもの実態・授業形態

| 対象 | 小学校3年の学年に準拠した教育課程。手がかりがあれば、考えを深めたり表現したりすることができる。 |
| 授業・実践 | 児童3名　特別支援学級でのグループ学習。 |

● 実践概要

現状	音読や、書いている内容を一問一答式に答えることができる。少人数での学び合いを手がかりにイメージを広げ、伝えたいことを明確にしながら読み深めることができる。
目標	登場人物の行動や気持ちについて想像を広げ、考えを深めることができる。
ロイロを使った手立て	[Tip18]カードインカードで、複数のカードを用いて表現を工夫することができる。 [Tip 7]デジタル教材の「心の数直線」「気持ちの温度計」を用いて、登場人物の心情について言葉での思考を促したり、視覚的に表現したりすることができる。
効果・成果	心情を数値化したり表情を選んだりする活動を通して、叙述に戻り自分の考えを整理することができた。教師も、児童の読み取りを視覚的に把握でき、学び合いを深めることにつながった。

● 実践のポイント

熊本市教育センターのHPにて配信しているデジタル教材「気持ちの温度計」や「心の数直線」は、指でドラッグするという簡単な操作で気持ちの強さを表すことができるので、読みに苦手意識があっても、ゲージを動かしながら考えるなど、参加や思考のきっかけになりやすい。

使い方

事前準備

1 登場人物の気持ちを考える カードを作る

「ノートの新規作成」で、心情を読み深める場面がわかる挿絵や発問を入れたカードを作る［Tip1］。

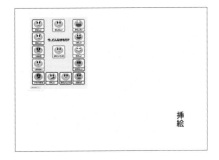

挿絵

2 Webカードを取り込む

Web ページ［Tip7］をカードにし、1 のカードにカードインカード［Tip18］で入れ込む。

※熊本市教育センターのデジタル教材は、Web ブラウザで操作できる Web アプリで、ロイロノートの Web カードで開くことができます。

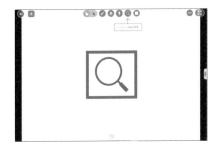

3 カードを送る

考えたい場面を共有し、カードを送る［Tip3］。

1 「気持ちの温度計」で、登場人物の気持ちを表す活動を設定する

言葉での思考に負荷がかかる児童にも、「気持ちの温度計」を用いることで、ゲージを指でドラッグしながら、まずは直感的に数値化したり、表情を選んだりできるようにする。

2 カードを複製して、気持ちを書き加えることを伝える

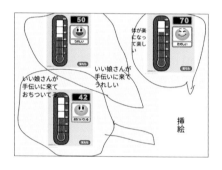

作成したカードは長押しすると複製することが可能。複製したWebカードは、再度虫眼鏡マークを押すことで、新しいWebページとして変更が可能。
（ここでは、「たのしい」のカード複製→複製したカードを選択→虫眼鏡マーク→気持ちの選択場面）

3 視覚化から言語化を促す

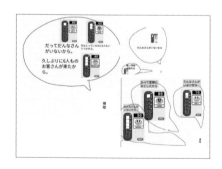

児童が温度計で気持ちを可視化する活動を通して整理できたこと、示した温度計の数値の理由、根拠となる叙述などを、言葉で書く活動につなげ、読みを深められるようにする。

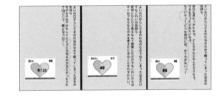

4 「提出箱」を作成し、友だちと 考えを共有できるようにする

提出箱［Tip 4］で「回答を共有」をオンにすることで、児童が互いの考えを共有できるようになる。友だちの考えと比べることで、自分の考えの根拠をより明確にしたり、自分が気づいていなかった叙述についても考えを深められるようにする。

5 「心の数直線」で視覚化する 活動を設定する

葛藤する心情や、読み深めたい叙述について、「心の数直線」を用いて視覚化する活動を設定する。児童が叙述と叙述をつなげながら考えたり、状況を把握しようと目的意識をもって叙述を読むことにつなげる。子どもたち同士の対話のきっかけにすることも可能。

実践者よりひとこと

友だちの考えも視覚的に示されているので人物像や人物の心情の変化、物語のしかけなどが理解しやすく、友だちの考えのよさや自分の考えの根拠に自信を持って対話を重ねていました。学びに向かう姿勢だけでなく、友だちの考えに対する関心も高まり、教科の学習を通して、友だちへの信頼や理解につながりました。

〈参考文献〉
「気持ちの温度計」「気持ちの温度計 2」「心の数直線」（熊本市教育センター）
http://www.kumamoto-kmm.ed.jp/kyouzai/web/tab_menu0.htm

特別支援学校　小学部・中学部／全学年

| 国語 | 知的

旭川市立大学●山崎智仁

ものの名前を覚えよう!

学校でも家庭でも楽しく文字ならべ

子どもの実態・授業形態

| 対象 | 特別支援学校学習指導要領（知的障害）の小学部1〜2段階程度。

| 授業・実践 | 国語科の授業開始時や家庭学習といった個別指導の場面。

実践概要

| 現状 | 基本的なタブレットの操作は習得している。平仮名や片仮名で書かれた身近なものの名前を読むことができる。ものの名前を聞いて選択することができる。平仮名でものの名前を書くことが難しい。

| 目標 | もののイラストを見たり、名前を聞いたりして正しい名前になるように文字を並び替えることができる。

| ロイロを使った手立て | [Tip 4] 文字を並び替えたカードを提出箱に提出する。
[Tip10] 教師が録音した名前を聞いて、文字を並び替えることができる。

| 効果・成果 | 拗音や促音が入ったものの名前を覚え、イラストを見たり、ものの名前を聞いたりして文字を正しく並び替えることができるようになった。文字と音が一致するようになった。

実践のポイント

子どもたち一人ひとりの実態に合わせて課題を作成するため、簡単すぎたり難しすぎたりすることがなく、子どもたちが自発的に学習に取り組む。イラストだけでなく、音声も確認できるため、文字と音の一致につながる。家庭学習に活用できる。

使い方

事前準備

1　カードを作成する

ものの名前1つにあたり、1枚のカード［Tip 1］を使用する。

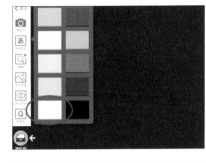

2　もののイラストを貼る

作成したカードにイラストサイト等からダウンロードしたイラストを貼る。

3　ものの名前の文字カード 1つずつ作成する

「め」「だ」「ま」「や」「き」のようにものの名前を表す文字カードを作成し、順番をバラバラにして配置する。

4　ものの名前の音声を録音する

ものの名前をはっきりと話し、聞き取りやすいように配慮して録音［Tip10］する。

5　カードを整える

カードに問題文を加えたり、色が付いたカードを加え、文字を並べ替えるスペースを設けたりする。

1 子どもの実態にあった課題のカードを送る。課題ができたら提出箱に提出するように伝える

平仮名、片仮名、拗音や促音など、子どもの実態に合ったカードを複数つなげて［Tip2］送ることで、子どもたちはスムーズにいくつもの課題を解くことができる。子どもの実態によっては、はじめに提出箱［Tip4］への提出の仕方を確認しておくとよい。

2 音声を聞いたり、手を叩きながら名前を言ったりするように伝える

文字の並べ替えに困っている様子が見られる際は、音声再生ボタンを押して名前を聞くように促したり、モーラに合わせて手を叩きながらものの名前を言うように伝えたりし、文字と音が一致するように支援する。

3 提出された課題を評価し、誤っているものは子どもに返却する

提出箱に提出された課題の丸付けを行う。誤っているものは、直すように子どもに伝える。問題が大きく誤っているときには、最初の文字を固定するなどヒントを与える。

4 必要に応じて、授業の終わりに子どもたちに家庭学習として行うように課題を配付する

授業の終わりに課題を子どもたちに配付したり、資料箱に保存したりしておくことで、子どもたちが家庭で課題に取り組むことができる。家庭学習を終えたら提出箱に提出するように伝えておき、放課後に丸付けを行い、返却する。

実践者よりひとこと

ものの名前が曖昧だったり、拗音や促音が入ったものの名前が書けなかったり、文字と音が一致していなかったりする様々な子どもたちの実態に合わせて学習を行うことができました。家庭学習に活用できるのもよかったと思います。事前に複数作成しておくことで、子どもたちの待ち時間が減り、教師の準備も楽になります。

| 国語 | 知的 |

熊本大学教育学部附属特別支援学校●上羽奈津美

平仮名を読んで書いてみよう!

録音を聞いて、聞いた文字を手描き機能で書く

● 子どもの実態・授業形態

| 対象 | IQ30台前半の男子生徒(A君)、IQ30台中盤の男子生徒(B君)。 |
| 授業・実践 | 生徒2人、教師1人のグループ。 |

● 実践概要

現状	平仮名の清音はほぼ読めるが、1か月程度平仮名に触れなかったら忘れる文字もある2人。A君は平仮名の清音のうち半分程度は書ける。
目標	平仮名の清音の読みを確実にし、書ける文字が増える。
ロイロを使った手立て	[Tips 1] [Tips 3] [Tips10] [Tips11] カード内のものを指で動かし、その数をカードに書き込み、録音し、できたものを送る。
効果・成果	ロイロノートを活用し「送る」を使ってその日に学習した教材を宿題で活用したことで、特に平仮名の読みが定着した。

● 実践のポイント

「操作が簡単!」——何かを持って操作する(鉛筆で持って書く等)が難しい生徒が、文字を指で書くことができる。また、自分の読んだ言葉を録音することによって、読み間違いに自分で気づくことができる。

使い方

事前準備

1 読む文字・正解イラストを用意する

生徒が読む文字のみを1枚目に書いておき、2枚目に
正解のイラストを貼り付けておく。イラストは2人が
見てわかりやすいもの、興味がもてるものを使用する。

2 五十音順にカードを用意する

「行」ごとに読むカード［Tip 1］を用意する。「あ行」「か
行」「さ行」ごとにカードをつないで［Tip 2］作成し
ておき、生徒が長期休業中や土日、朝の隙間時間でも
学習ができるようにする。

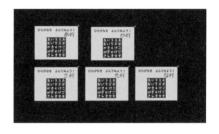

取組み

1 カードを提示し、生徒が平仮名を読む

教師が録音ボタン［Tip10］の場所を知らせ、生徒が録音を押し、平仮名を読む。

2 録音した音声の再生ボタンの場所を知らせ、生徒が読んだ文字を聞く

生徒が再生を押して自分が読んだ文字を音声で聞き、教師が生徒の言葉を反復する。

3 次のカードにスライドするように知らせ、生徒が正解イラストを見る

教師はカードをスライドするように言葉掛けをしながら知らせ、生徒が自分で平仮名で書かれたおにのカードをスライドさせ、次のカードのおにのイラストを見せ正解を確認できるようにする。

4 イラストを指差し、生徒が平仮名を書く（A君のみ）

教師は正解イラストを見て、平仮名を黄色い枠の中に1文字ずつ指で書くよう、生徒に指差しをしながら知らせる。

5 左下の「送る」ボタンを知らせ、生徒は書いた平仮名を教師に送る（A君のみ）

生徒が、行（たとえば「あ行」）の文字を全部書いたら、教師は「送る」ボタン［Tip 3］にカードをスライドさせるように指差しで知らせ「全員」（←このページの参加者はA君と教師のみにしておく）を押して、教師に送るように促す（これは宿題のやり方にもなる）。

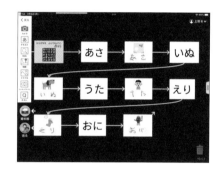

実践者よりひとこと

ロイロノートを活用したことで、毎日取り組むことができるようになり、平仮名を読むことへの定着へとつながりました。また、鉛筆を握ったり本を1ページずつめくったりすることが難しいB君が、日常的にカードを押したり、録音を押したりできるので、自分でできたことへの喜びを感じ、その他の授業でもロイロノートを使う学習に対しての意欲が高まりました。

国語 ｜ 肢体不自由 ｜ 福島県立相馬支援学校（実践は福島県立平支援学校）●稲田健実

日本古典文学を読んで伝えよう!

カード作成、手描き機能（ペン、蛍光ペン、消しゴム、やり直し）を利活用して、ストーリーを絵で表現

● 子どもの実態・授業形態

対象 準ずる教育課程の生徒。学習空白があり、積み重ねが必要な学習やその理解に弱い部分もあるが、学び直すことによって、理解を深めることができる。

授業・実践 生徒１名、教師１名で学習。

● 実践概要

現状
・長い文章を書く、初対面の人と話すことは苦手で、対人に恐怖を覚えることがある。
・絵が得意で、その場や状況に合った絵をすぐに描くことができる上、ストーリーに合ったキャラクターの感情表現ができるなど、高い描画能力を有している。

目標 日本古典文学の話（ストーリー）を、後輩に伝えよう。

ロイロを使った手立て
[Tip 1] 場面を絵で表現することができる。
[Tip 6] ストーリーに基づいて、カードをつなぐことができる。
[Tip11] 手描き機能を使って、思い通りに絵を描くことができる。
[Tip13] 後輩に伝えることができる。

効果・成果 カードの作成やカードをつなぐ際に容易にトライ&リトライができるので、内容理解を深めることができ、学びへの主体性や意欲が高まった。また、自分で作った画面を見ながら発表することで、自信をもって伝えることができた。

● 実践のポイント

・得意なことを活かすことで、主体的に取り組める。
・アウトプットすることで、理解を深める。
・見てわかるカードがあることで、自信をもって伝えられる。

使い方

事前準備

1 絵で表現する しりとりをする場面を設ける

共有ノート［Tip20］機能を用い、１枚のカードに一つの絵と文字を描き、それをつなぎながら［Tip2］しりとりをする。ここで、ペンの使い方［Tip11］、色の使い方、消し方、カードのつなぎ方などをゲーム感覚で理解できるように指導する。

ここでの操作経験が、次の学習本題の活動へとつながる。

取組み

1 生徒が物語の内容を理解できるように指導する

本文（振り仮名付き）や、口語訳のプリント等を用い、生徒が物語の内容を理解できるように指導する。

2 場面を絵で表現してもらう

生徒に、手描き機能等を用いて場面ごとにカードに絵で表現してもらう。

3 ストーリーを確認してもらう

場面がどの順番でつながるのか、絵を描いたカードの順番を考えたりつないだりして、ストーリーを考えるように促す。

4 発表の練習の場面を設ける

発表のリハーサルをするとともに、どのようにすれば
後輩にわかりやすく伝えられるかという視点でブラッ
シュアップするように促す。

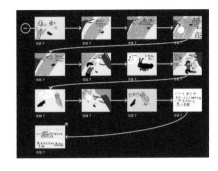

5 発表の場面を設ける

紙芝居みたいになるように、大型テレビにカードを順
番に表示し、後輩に向けて生徒がストーリーを発表す
る場面を設ける。

実践者よりひとこと

得意なことを活かす、「強みを活かす」ことで、こんなにもいきいきと主体的に取
り組めるのかと感動を覚えました。発表を聞いていた後輩は尊敬の念を大きくして
いました。
生徒は「イラストレーターになりたい」という夢をさらに大きくもち、卒業後は「イ
ラストや絵」を最大限に活かせる事業所に就職することができました。

数学　｜　知的　　　　　　　　　　富山大学教育学部附属特別支援学校●本川琢磨

図形を組み合わせて形作りをしよう!

カードを組み合わせて形を作り、提出箱に提出

子どもの実態・授業形態

対象　特別支援学校学習指導要領(知的障害)の中学部1〜2段階程度。

授業・実践　生徒5名、教師2名の少人数グループで学習。

実践概要

現状　ロイロノートの基本的な操作は習得している。円、三角形、長方形、正方形の特徴がわかり、仲間分けができる。

目標　円、三角形、長方形、正方形の違いがわかり、見本を見てどの図形が使われているかを考え、同じ形の図形カードを選んで組み合わせて、見本と同じ形を作ることができる。

ロイロを使った手立て　[Tip 4]完成した課題を提出箱に送り、見比べたり発表したりできるようにする。

効果・成果　形作りに必要な図形カードや見本を事前に教師が用意しておくことで、スムーズに活動に取り組むことができる。授業で学習した図形を適宜追加しておき、それを操作することで、図形への理解を深める。

実践のポイント

提出箱に完成した課題を提出することで、成果を共有できるようにするとともに、テレビで拡大して映すことで、辺の重なりや図形の位置のずれなどに自ら気づいて、修正できるように工夫した。市販のタングラムと違い、図形カードを教師が自由に作れるので、様々な課題を設定することができた。

使い方

事前準備

1 課題や図形カード、見本を作成する

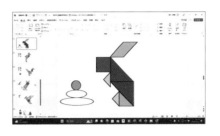

PowerPoint で既習の図形カードを作成し、それらを組み合わせてできる動物や乗り物等の課題を作成する。作成したものを図形として保存することで、ロイロノートのワークシートに直接挿入できるようにする。

2 形作りのカードを取り込む

形作りのワークシートのデザインをロイロノートに取り込む。 PowerPoint で作成した形カードや見本の図形など、Web 版［Tip14］を使えば簡単な操作でロイロノートに取り込むことができる。

取組み

1 形作りの課題に 取り組むことを伝える

本時で作る課題をテレビで拡大して映し、どのような図形が使われているかを確認することで形についての理解を深める。その後、ロイロノートを起動し、通常ノートを新規作成して課題に取り組む。

2 図形カードを組み合わせて 見本と同じ形を作るよう促す

ロイロノートのワークシート上で見本と同じ形を作る課題を出す。最初は混乱しないように、見本を作るために必要な図形カードのみを用意。活動に慣れてきたら、他の図形カードも用意して、よく見比べながら選んで取り組めるようにする。見本の図形カードは別で挿入しておくことで、各自確認したいときは拡大できるようにしておく。

3 課題を終えた生徒に、提出箱に 提出するよう指示し、添削する

予め提出箱［Tip 4］を作成しておき、提出された課題をテレビに映し出し、辺の重なりや図形の位置にずれがないか等を生徒と一緒に確認する。ずれなどに自分で気づけるような言葉かけをし、訂正があった場合は直してから再提出するよう促す。

4 生徒同士で確認をするよう促す

早く課題を終え、教師の添削を受けて合格だった生徒
は、まだ課題を終えていない生徒から助言を求められ
た際に、自分の課題を見せながら助言をするなど、生
徒同士で確認し合う場を設ける。

5 完成した課題を
提出箱に提出するよう指示を出す

課題を終えた生徒は、提出箱に完成した課題を提出す
る。

6 見比べながら評価をする

提出された課題を一人ずつテレビに映し出し、辺の重
なりや図形の位置にずれがないか等を生徒同士で確認
するように促す。間違いがなかった場合は、その場で
花丸を付け評価することで、達成感を感じられるよう
にする。

実践者よりひとこと

生徒はゲーム感覚で楽しく課題に取り組むことができ、課題をこなす中で図形の違
いについて理解が深まり、日常生活の中でも物の形について「これは三角形だ」な
どと発言する姿が増えました。一方で、ロイロノート上だと図形が重なるときに止
まらないので辺の重なりが意識しづらい、不器用な生徒が操作すると、カードが結
合してしまうなどの課題も見られました。

07 特別支援学校　中学部／全学年

| 数学 | （知的・自閉情緒） | 熊本大学教育学部附属特別支援学校●後藤匡敬 |

折り紙を単位にした「広さ」ランキング作り

共有ノートを使って、みんなで役割分担

子どもの実態・授業形態

| 対象 | 特別支援学校学習指導要領（知的障害）の中学部１～２段階程度。 |
| 授業・実践 | 生徒６名、教師２名の少人数グループで学習。うち生徒１名が自宅から参加。 |

実践概要

現状	基本的なタブレットの操作は習得している。「狭い、広い」という感覚はあるが、単位図形を使って広さを比較する学習経験はない。
目標	単位図形を使って異なる広さを比較する。
ロイロを使った手立て	[Tip 9]カメラ機能によりロイロノートだけでカード化できる。 [Tip20]共有ノートで他の生徒の動きを参考にできる。
効果・成果	複数のアプリを掛け合わせず、シンプルに操作ができ、学習要素への思考に集中できた。また、共有ノートにより、やり方がわからない生徒は、他の生徒のカードの動きを見ながら見通しをもって学習に取り組むことができた。

実践のポイント

- 自分で調べ、タブレットのカメラで写真に収め、ロイロノートでカード化する展開を繰り返す。展開が短いため、方法がわかるとどんどんカードにまとめたくなる。
- 共有ノートの機能を使えば、他の生徒の動きを把握し自分の方法に反映できる。また、自宅から参加する生徒ともリアルタイムで共有や役割分担しながら同じものを編集でき、進捗を確認しながら安心して活動に取り組める。

使い方

事前準備

1　共有ノートを作成する

授業とクラスを選んだ後、「ノートを新規作成」を押すと、「通常ノート」と「共有ノート」[Tip20] が選べるようになっている。ここで「共有ノート」を選択する。

2　共有するユーザーを選択し、編集グループを作る

「共有ノート」を選ぶと「共有するユーザーを選んでください」と表示され、共有できるユーザーが一覧表示される。共有したいユーザー（生徒、教師 ID）を選択すると、選ばれたユーザーのみが編集できる共有ノートが作成される。

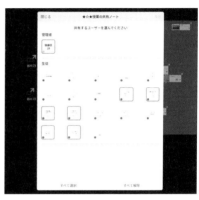

3　広さの情報をまとめるカードを取り込む

カードのデザインをロイロノートに取り込む。PowerPoint で作成した画像やスクリーンショット、Word で作成した PDF など、Web 版 [Tip14] を使えば簡単に取り込むことができる。

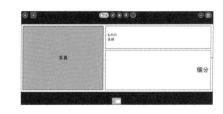

4　広さの情報をまとめるカードを取り込む

オンライン会議アプリ「Zoom」でつなぎ、自宅の端末を使ってロイロノートの準備をする。また折り紙の準備も同時に伝える。Zoom のカメラは、授業者と教室内の大型テレビが映るように配置する。

取組み

1 教室の「広さ」ランキングを作ることを伝える。ロイロノートを起動し、「通常ノート」を新規作成する

他の生徒とはつながらない通常ノートを使用する。自宅にいる生徒には、Zoom を介して同様の指示を伝える。

2 小さめの折り紙を配り、教室にあるものの上に並べる活動をする

単位面積となる折り紙は、通常見かける折り紙よりも一回り小さい折り紙（今回は 7.5cm 平方を使用）がおすすめ。小さい折り紙の方が細かく並べられる分、身の回りの物の大きさに対応しやすい。

3 折り紙の枚数を数え、写真に撮ってロイロノートで情報をまとめる

カメラ［Tip9］で撮った写真をロイロノートに「カードインカード」機能［Tip18］で取り込み、ものの名前と枚数を書き入れる。テキストカード、手描き機能など、生徒自身が表現方法を選択できる。

4 シンキングツールを使ってランキングを作り、提出箱に提出する

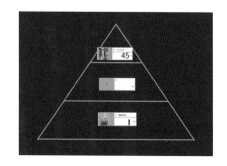

シンキングツール［Tip19］のピラミッドチャートを使い、上から広い順にカードを並べる。結果を提出箱［Tip4］で集めると、自宅から参加する生徒の進捗状況を把握できる。回答共有機能［Tip5］をオンにすることで、早めに終わった生徒が、自分と他の生徒の結果を見比べる時間に当てることができる。

5　提出箱の中身を共有ノートに入れる

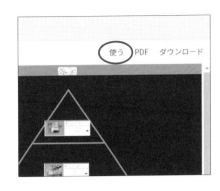

通常ノートを閉じ、事前に準備しておいた共有ノートを開く。提出箱を開くと、通常ノートで集めた提出物が、生徒ごとに一覧で表示される。［選択］→［すべて選択］→［使う］を押すと、共有ノートに全生徒の提出物がカードとして書き出される。これで、生徒はお互いのカードを動かせる状態になっている。

6　生徒全員で話しながらランキングを作る

Zoom でつながった自宅にいる生徒とも話しながら、どのカードが一番広いものを示したものなのかを、折り紙の枚数をもとに判断していく。この際、全員が同時に動かすと混乱するため、カードを動かす生徒は1人にするとスムーズ。今回は、自宅にいる生徒をカードを動かす役にした。教室の大型テレビには、その場にいない自宅の生徒がカードを動かす様子が映り、みんなで話し合ったことが自動で共有カードの動きに反映されるような、不思議な感覚になった。

7　カードをトリミングして背景色をつける

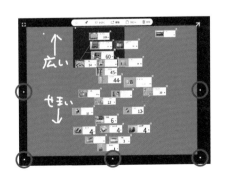

シンキングツールのスペースが足りなくなるので、カードを長押しして端に表示される目印を動かしてトリミングし、スペースを広げる。透明の状態なので、背景色をつけることで見やすくなる。

〈参考文献〉
後藤匡敬「87　身の回りの広さのランキングをつくろう」（特別支援教育の実践研究会・是枝喜代治・村山孝 編『国語，算数・数学 発達段階に合わせて学べる学習課題 100』明治図書、2023 年）

5までの数の合成分解
カードと手描き機能で「あわせたら？」

子どもの実態・授業形態

| 対象 | ダウン症でIQ30台の男子生徒。 |
| 授業・実践 | 生徒2人、教師1人のグループのうち1人の生徒が対象。 |

実践概要

現状	30までの個数を数えたり、数字を読んだりすることができ、形や色に着目した分類ができる生徒である。
目標	5までの数の合成（"あわせる"）ができるようになる。たし算の立式ができるようになる。
ロイロを使った手立て	[Tip 1]［Tip 3]［Tip10]［Tip11] カード内のものを動かし、その数をカードに書き込み、録音し、できたものを送る。
効果・成果	ロイロノートで操作をすることで、5までの数の合成ができるようになり、たし算の立式ができるようになった。

実践のポイント

「操作が簡単！」——自分でタブレット上の画像を操作しながら数を合成分解させることで"あわせる"や"なくなる"の理解がしやすくなる。また、簡単にやり直しができるため、間違えてしまっても意欲的にやり直しができる。

使い方

事前準備

1 "あわせると"用に数字を書くカードと、操作するためのイラストを準備

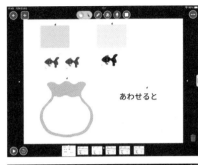

手描き機能［Tip11］を使い、同じ色のイラストの数を数えて書けるようにしておく。

2 "立式" 用にたし算の式を書く枠を作成

ピンクと水色のカードの下に、たし算の立式を書けるようにしておく。

取組み

1 数えるイラストを指差し、生徒が 魚の数を数えてカードに記入する

赤の金魚の数をピンクのカードに、黒の金魚の数を青のカードに書くよう、教師は指を差しながら指示し、生徒が自分で数えて手で手描き機能を用いて記入する。

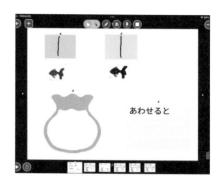

2 金魚を金魚鉢に移動するよう 指差し、生徒が金魚を手で動かす

金魚を金魚鉢のイラストの中へ移動させる。移動させたら、教師は金魚鉢内の赤と黒の金魚の合わせた数を数えるよう生徒に指差しながら知らせ、生徒が黄色のカードに数を記入する。

3 生徒と一緒に立式をする

次のカードに移動し、立式の枠のなかに、ピンクのカード内の数字と、水色のカード内の数字を書くよう促す。数字を書く中で教師は"＋"や"＝"を書くよう言葉かけをし、生徒が手で書く。

4 録音や「送る」ボタンを言葉かけで知らせ、生徒が音声を録音してカードを送る

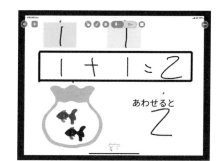

立式をした生徒は「1たす1は2」と式を見ながら録音ボタン［Tip10］を押して、録音する。録音後、教師は「送る」ボタンにカードをスライドさせるように指差しで生徒に知らせ「全員」（←このページの参加者は本生徒と教師のみにしておく）を押して、教師に送るように促す（これは、宿題のやり方にもなる）。

実践者よりひとこと

はじめはブロック等の実物を数えることで学習していましたが、なかなか「あわせる」ことの理解が困難でした。生徒がロイロノート上で金魚を動かし、金魚鉢のなかに入れる操作をすることで「あわせる」ことが理解しやすくなり、5までの数だとイラストをロイロノート上で動かして「あわせた数」を答えることができるようになりました。

09

特別支援学校　高等部／2年

理科　｜　知的

名古屋市立南特別支援学校●**深谷久美子**

雲の種類とできる高さについて調べよう！

複数のカードを自由に移動させて、図表を完成させる

● 子どもの実態・授業形態

| 対象 | 特別支援学校学習指導要領（知的障害）の高等部2段階程度。 |
| 授業・実践 | 生徒10名、教師2名の少人数グループで学習。2単位時間での実践。 |

● 実践概要

現状	ロイロノートについてはまだ習得段階である。日常的に、天気について意識することはできているが、雲に注目をすることは少ない。
目標	雲の種類ごとの特徴や、それらの雲ができる高さについて調べ、まとめることができる。
ロイロを使った手立て	[Tip 1]まとめる内容に適したカードを作成することができる。 [Tip 3]教師が作成したカードを生徒に送ることができる。 [Tip 4]見直したカードの再提出ができる。 [Tip14]パソコンのWordで作成した書類をWeb版のロイロノートに取り込み使用することができる。 [Tip18]カードの中に複数のカードを取り入れ、自由にレイアウトできる。
効果・成果	図表の中で何度でもレイアウトし直すことができ、再提出できることで、見直しの負担が軽減し、課題に対して最後までやり遂げる意欲を高めることができた。

● 実践のポイント

カードの中に複数のカードを入れ込み自由にレイアウトでき、作成したカードを再提出できるため、生徒の見直しの負担が軽減し、意欲的に取り組むことができる。また、雲の様子や特徴、できる高さなどを1枚のカードにまとめられることで、雲についての理解を深めることができる。

使い方

事前準備

1 新規ノートを作成する

授業とクラスを選んだ後、新規ノートを作成する。

2 カードを作成する

「雲の名前」「雲の写真」「雲の特徴」を記すための 3 枚のカードを入れ込み［Tip18］、カードを作成する［Tip 1］。「雲の特徴」は、生徒が調べたことを書き込めるように項目立てし、それぞれのカードは、移動しないようピン留めをしておく。

3 課題カードを作成する

雲について調べた 9 枚のカードを、新しい別の 1 枚のカードに全て入れ込み［Tip18］、課題カードを作成する［Tip 1］。例として「積乱雲」のみ記入済みのものを提示。課題を書いたカードはピン留めをしておくが、その他の雲について調べたカードは、学習活動の際、別のカードに入れ込むためピン留めはしておかない。

4 「雲の種類と高さ」カードを取り込む

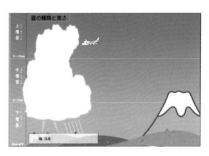

雲について調べた 9 枚のカードを入れ込む基となる図表（「雲の種類と高さ」カード）を Word で作成し PDF で保存した後、Web 版で取り込む［Tip14］。クラスと氏名が記入できるよう図表に合わせてカードを入れ込み［Tip18］、移動しないようピン留めをしておく。

5 提出箱を作成する

「雲の種類と高さ」カードを提出する提出箱を作成しておく［Tip 4］。

取組み

1 雲の種類と特徴を調べる学習に取り組むことを伝える

教師用タブレットをモニターに映し、数種類の雲の画像を見せながら、知っている雲があるかどうかを尋ねる。雲にはいくつかの種類があることや、その雲がもつ特徴があることを伝え、それらについての調べ学習を行うことを伝える。

2 ロイロノートを起動し、通常ノートで新規ノートを作成するよう伝える

ロイロノートの操作にまだ不慣れな生徒もいるため、教師用タブレットをモニターにつなぎ、ログインから通常ノートの新規作成までを示しながら行う。

3 学習で使用するカードの使い方について説明する

「積乱雲」のカードを例に、調べる内容について伝え、課題カードの使い方を説明する。9種類全ての雲について調べ終わったら、課題カードから取り出して「雲の種類と高さ」カードの適切な高さの位置に入れ込むことを伝える。「積乱雲」については、高さが広範囲に及ぶため、どの高さの位置に入れ込んでもよいことを伝える。

4 「課題カード」「雲の種類と高さ」カードを生徒に送る

作成した「課題カード」「雲の種類と高さ」カードを、
生徒全員に送る［Tip3］。

5 調べ学習に取り組むよう伝え、机間巡視をする

インターネットを活用して調べ学習に取り組むよう伝える。また、画面切り替えや検索サイトとロイロノートの2つのウィンドウ表示の方法、適切なサイトを見つけることが苦手な生徒のために、調べるとよいサイトについても、必要に応じて伝える。

個　集団

コミュニケーション

児童生徒の活動

児童生徒の学習

家庭の支援

教師の支援

6 生徒が提出した「雲の種類と高さ」カードを確認する

授業前に作成した提出箱に、完成した「雲の種類と高さ」カードを提出するよう生徒に伝える。教師用タブレットで提出箱を選択すると、画面にて提出状況の確認ができる［Tip4］。

7 調べた内容の確認をする

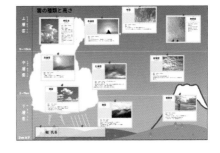

教師用タブレットを用いて「雲の種類と高さ」カードを提示し、生徒が発表したことを書き加えながら、雲のカードを適切な高さの位置に入れ込み、カードを完成させる。

8 必要に応じて、「雲の種類と高さ」カードの再提出をするよう伝える

全体で雲の種類とその特徴やできる高さについて確認した後、必要に応じて自分が調べた内容を見直し、訂正したり書き加えたりするなど修正を加えて再提出するよう伝える。以前に提出されたものはそのまま提出箱に残っている（提出履歴を遡って閲覧可能）ため、学習の経過を見ることができる　［Tip4］。

実践者よりひとこと

ロイロノートのカードインカード［Tip18］を使用して、生徒が調べた雲のカードを画面上で自由にレイアウトできるようにしたことは、雲についての理解を深めるために有効な手立てであったように感じました。また、再提出できることで、生徒の最後までやりきろうとする意欲を高めることができました。

〈参考文献〉
池田圭一『空と天気の不思議』秀和システム、2017年　より一部写真引用

10

特別支援学校　高等部／2年

| 理科 |　(知的)　名古屋市立南特別支援学校● 深谷久美子

てこを利用した道具について調べよう!
写真や動画などを送り合い、協力して調べ学習に取り組む

● 子どもの実態・授業形態

| 対 象 | 特別支援学校学習指導要領(知的障害)の高等部2段階程度。

| 授業・実践 | 生徒10名、教師2名の少人数グループで学習。3単位時間での実践。

● 実践概要

| 現 状 | てこを利用した道具を使用した経験はあるが、それらがてこを利用した道具である認識はもっていない。また、タブレットを用いて情報交換をする経験はほとんどない。

| 目 標 | 自分たちの生活の中に、てこを利用した道具があることを知り、てこへの理解を深めることができる。

| ロイロを使った手立て |
[Tip 2]作成したカードをつないで、プレゼンテーションを作ることができる。
[Tip 3]撮影した写真や動画、調べた内容などを友だちと送り合うことができる。
[Tip 9]写真や動画を撮影し、カードとして取り込むことができる。
[Tip11]撮影した写真に、力の働く点などを書き加えることができる。
[Tip13]生徒が自分たちで画面を操作しながら発表をすることができる。
[Tip18]撮影した写真や動画などのカードを、他のカードに取り込むことができる。

| 効果・成果 | ロイロノートのみで写真や動画の撮影、情報の書き込み等を行うことができ、より集中して取り組んだり、協力して調べようとする意欲を高めたりすることができた。

● 実践のポイント

てこに働く3つの力を写真に書き込んだり動画で示したりできることで、てこについての理解を深めることができる。また、写真や動画を取り込んだり情報を書き込んだりして、プレゼンテーションを容易に作成することができる。生徒同士で情報を共有できることで、学び合いの学習活動が容易に展開できる。

使い方

事前準備

1　新規ノートを作成する

授業とクラスを選んだ後、「ノートを新規作成」を選択し、「通常ノート」で新規ノートを作成する。

2　発表用プレゼンテーションの　テンプレートを作成する

カードの中に、写真や動画、調べたことを記入するカード等を入れ込み［Tip18］、それらのカードをつなげて［Tip 2］プレゼンテーション用のテンプレートを作成する。見本のプレゼンテーションも作成しておく。

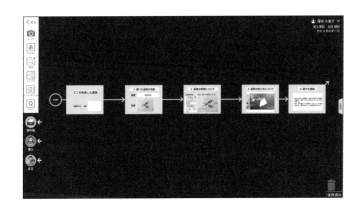

取組み

1 学習目標と学習内容を伝え、ロイロノートを起動し、通常ノートで新規ノートを作成するよう伝える

ロイロノートの操作にまだ不慣れな生徒もいるため、教師用タブレットをモニターにつなぎ、ログインから新規ノート作成までを示しながら行う。

2 調べる道具を決めることを伝える

4名ほどの小グループを生徒に示す。その後、身の回りにあるてこを利用した道具にはどんなものがあるかについて調べるよう伝え、その中からグループで話し合いを行い、調べる道具を1つ決めることを伝える。

3 調べたことを発表する時に使用するプレゼンテーションのテンプレートを生徒に送る

事前に作成しておいたプレゼンテーションのテンプレートを生徒に送り［Tip3］、見本を見せながら使い方について説明をする。

4 生徒同士でカードのやり取りができるようにする

各グループでの発表となるため、作成するプレゼンテーションはグループ全員が同じでよいことを伝える。生徒間通信のロックを解除し、生徒同士でカードの送り合いができるようにする［Tip3］。生徒間通信のロックは授業内のみ解除しておき、授業終了後は再びロックをかけておく。共有ノート［Tip20］を使うことも考えたが、ロイロノートの使用経験がまだ少なかったため、この段階では使用せず、カードを送り合うことのみとした。

5 調べる道具の写真を撮影することを伝える

ロイロノートのカメラを使って、生徒の1人が写真を撮影し［Tip9］、グループ内の他の生徒に送る［Tip3］こと、写真は生徒各自でカードに入れ込む［Tip18］ことを伝える。

6 道具の特徴について調べることを伝える

てこに働く3つの点について、手描き機能を用いて写真に手書きで書き加えたり［Tip11］、インターネットを活用して調べた内容についてグループ内でまとめたものをカードに書き込んだりするよう伝える。

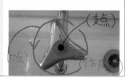

7 道具の使い方についての動画を撮影するよう伝える

道具の使い方についての実演動画を生徒同士で協力して撮影し［Tip9］、グループ内の他の生徒に送ったり［Tip3］、動画を生徒各自でカードに入れ込んだり［Tip18］するよう伝える。

8 感想を書き、提出するよう伝える

調べてわかったことや感想をグループで話し合ってまとめ、カードに記入した後、教師が作成した提出箱に提出［Tip4］するよう伝える。

9 生徒発表を行う

提出箱を開き、生徒発表を使用して、生徒が自分たちで調べたことについて、作成したプレゼンテーションを操作しながら発表［Tip13］できるようにする。

実践者よりひとこと

てこに働く3つの点について写真や動画で示すことで、理解が深まったと感じました。また、ロイロノートのみで複数の作業が容易にできるため、集中して学習に取り組んだり情報交換したりが容易にでき、生徒同士が関わり合って学習したりする場面が増え、学び合いの姿を多く見ることができました。

コミュニケーション　児童生徒の活動　児童生徒の学習　家庭の支援　教師の支援

11

特別支援学校　中学部／全学年

| 音楽 | 知的・自閉情緒 | 熊本県立小国支援学校●松本和也 |

音を想像して自由に表現しよう!

録音機能を使って映像に音声を重ねてみる

● **子どもの実態・授業形態**

| 対象 | 特別支援学校学習指導要領（知的障害）の小学部1段階〜中学部1段階程度。 |
| 授業・実践 | 生徒12名、教師5名の一斉指導。 |

● **実践概要**

現状	楽器の演奏と聞くと「失敗したくない」「上手く演奏しなければ…」と身構えてしまい消極的になってしまう生徒が多い。
目標	楽器や身の回りの物を使い、映像に合う音を作り出して表現することができる。
ロイロを使った手立て	[Tip 4] 完成した作品の共有 [Tip 6] 素材を生徒が自分で選択 [Tip 9] 素材となる画像や動画の撮影 [Tip10] 音声の録音やタイミングの調整
効果・成果	失敗してもやり直せるという安心感のもと、試行錯誤しながら生徒たちは自然と楽器や身の回りの物から生み出される音を楽しむことができた。

● **実践のポイント**

自分のペースで納得いくまで何度でも録音できるため、人前での発表が苦手な生徒も安心して取り組むことができた。また「正しく弾くことが正解」という概念に捉われることなく、正解は子どもの数だけ存在するという状況を作ったことで、自然と音の強弱やタイミング等、楽器演奏の基礎につながるスキルを習得することもできた。

使い方

事前準備

1 動画素材の撮影（取り込み）

カメラ［Tip9］を使って素材となる動画を複数撮影する。他のデバイスで撮影した動画や、著作権フリーの動画素材をロイロノートに取り込んで使用することもできる。

2 撮影した動画の音声をオフにする

撮影した動画のカードを選択し、画面右下の音声マークをタップする。音量スライダーを左端に寄せることで、音声をミュートすることができる。

3 動画を資料箱に入れる

②で作成したカードを資料箱［Tip6］にドラッグ＆ドロップし「授業内共有」を選択する。「このフォルダに保存」を選択し、名前をつけて保存する。授業内共有フォルダに保存することで、教師も生徒も自由にファイルにアクセスすることができる。

4 完成した作品の提出箱を作る

「提出」→「新しい提出箱を作る」をタップし、生徒にとってわかりやすいタイトル（ここでは「音を想像して表現しよう」とする）をつけた後「今すぐ募集開始」をタップ。締切日時は、授業実施日の授業終了予定時刻に設定しておく。

取組み

1 教師が準備した音声なしの 映像素材を大型テレビに提示する

生徒は音のない映像を見ながらどのような音が鳴っているのか想像し、自分の口で音を出してみたり擬音語を使って表現したりしながらイメージを膨らませる。

2 学習のテーマを伝える

楽器や身の回りの物を使って、映像に合う音を自由に作り出すことを伝える。生徒は、ロイロノートを起動して授業を選択し、ノートを新規作成する。

3 映像素材の選び方を伝える

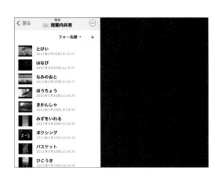

資料箱［Tip6］をタップし「授業内共有」を選択した後、この中に保存された複数の映像素材の中から、自分が表現してみたいものを選択し、画面右上の「使用する」をタップし自分のノートに保存するという一連の流れを説明する。

4 音声の録音方法を伝える

自由に音作りを行った後、構想が固まった生徒には、録音［Tip10］機能を使って映像素材に音声を重ねる手順を説明する。画面上部中央のマイクのアイコンをタップすると、アイコンが赤くなる。再度マイクのアイコンをタップすると録音が開始される。必要に応じて録音［Tip10］内の「歯車マーク」→「録音のズレを補正」を行う。音のタイミングを早くする時は「−」に、遅くする時は「＋」に設定する。

5 使用した楽器や道具を撮影する方法を伝える

4で作成した動画に、カメラ［Tip9］で撮影した写真のカードをつなぐ［Tip2］手順を説明する。「生徒が収録した音声が入った動画→使用した楽器や道具の写真」という順番で並べたカードのセットを作成するよう促す。

6 完成したカードを提出箱に提出する方法を伝える

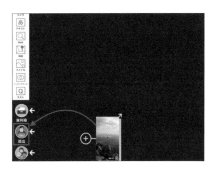

カードを提出箱［Tip4］にドラッグ＆ドロップする手順を説明する。提出先を選択（ここでは「音を想像して表現しよう」を選択）すると、提出が完了する。

7 提出された作品を大型テレビに提示しながらクイズを行う

教師が端末を操作し、大型テレビに提出箱［Tip4］上の作品を提示しながら、どんな楽器や道具を使用して表現したものかを当てるというクイズを通して、お互いの作品を鑑賞し合えるようにする。

実践者よりひとこと

何度もやり直せることや一度形になったものを容易に調整できること等、ICTのメリットを改めて感じました。自分の作品を周囲から称賛され表現する喜びを感じた生徒からは、次は楽器で曲を演奏してみたいという声も聞かれました。今後も生徒の「やってみよう」という気持ちを高められるような授業を作っていきたいと思います。

12

特別支援学校　高等部／全学年

| 音楽 | （知的・自閉情緒） | 富山大学教育学部附属特別支援学校●金森光紀 |

ボディパーカッションをしよう!
カードを組み合わせてリズムや振り付けを考える

● 子どもの実態・授業形態

| 対象 | 特別支援学校学習指導要領（知的障害）中学部 2 段階〜高等部 2 段階程度。 |
| 授業・実践 | 生徒 4 名、教師 1 名の少人数グループで学習。 |

● 実践概要

現状	基本的なタブレットの操作は習得している。四分音符や八分音符を組み合わせた簡単なリズムに合わせて手拍子を打つことができる。
目標	音符を組み合わせて簡単なリズムを考えたり、振り付けを考えたりする。
ロイロを使った手立て	[Tip 2] 音符カードをつなげたり、並べ替えたりしてリズムを作ることができる。 [Tip18] 音符カードに振り付けカードを入れ、振り付けを視覚化することができる。
効果・成果	カードを組み合わせることで自分なりのリズムや振り付けを考えることができた。考えた振り付けを教師に提出し、ディスプレイに映すことで発表したり、曲に合わせてやってみたりすることができた。

● 実践のポイント

音符カードを自由に組み合わせたり、振り付けカードを音符カードの中に入れたりすることで、自分だけのリズムや振り付けを作ることができる。

作ったリズムが難しかったり、たまたま友だちと同じリズムを作ったりしたときに、カードを並び替えて作り替えることができる。

使い方

事前準備

1 カードを作成する

授業内で使用する音符カードと振り付けカードは、PowerPoint で画像をトリミングしたり、文字を入力したりして作成する。保存する際、「JPEG ファイル交換形式」を選択して、画像として保存する。

2 ノートを作成する

授業とクラスを選んだ後、「新しいノートを作る」を押す。

3 資料箱にカードを加える

「資料箱」のアイコンを押す。資料箱の一覧が表示されるので、「授業内共有」を押す。「…」マークのアイコンから「アップロード」を選ぶと取り込むファイルを指定できるので、先ほど作成したカードを選択する。

4 提出箱を作成する

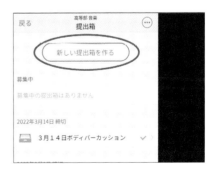

提出箱を用意しておき、生徒が作ったリズムを提出できるようにしておく。

取組み

1 活動内容（リズム作り、振り付け）、活動の流れを提示する

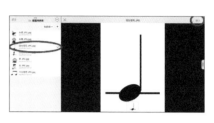

ロイロノートを起動する前に、本時の活動内容や目標を伝え、活動の流れを生徒に説明する。リズム作りでは、3種類の音符（四分音符、八分音符、四分休符）を使うこと、つなげるカードは4つまでというルールも併せて伝える。

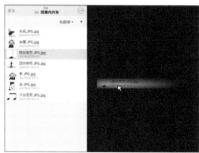

2 カードを組み合わせて自分なりのリズムを考えるよう促す

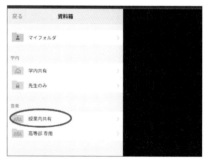

ロイロノートを起動し、ノートを作成。「授業内共有」の中には事前準備で加えたカードが入っている。必要なカードを押すと拡大して表示され、「使う」を押すとカードとして利用することができる。必要な分だけこの作業を繰り返す。なお、カードの一覧からドラッグ＆ドロップでカードを取り込むこともできる。その際、大型モニターに教師のロイロノートを映し、カードの取り出し方や組み合わせ方を視覚的に伝える。

3 作ったリズムを提出箱で回収し、全員で共有する

作ったリズムを提出箱で集める。大型モニターに生徒の考えたリズムを映し出すことで、互いに発表し、手拍子でリズム打ちをやったり、「○○さんのは難しい」、「簡単」など感想を言い合ったりする場面を設ける。

4　カードインカードで、振り付けを考える場面を設ける

振り付けカードには、イラストを用いることで、叩く
部位をイメージしやすいようにした。

※振り付けカードのイラストには、ドロップレット・プロジェ
クトのシンボルを使用した。

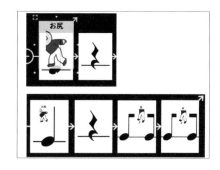

5　考えた振り付けを提出箱で回収し、全員で共有する

提出されたものを大型モニターに映し、互いにリズム
と振り付けに合わせて身体の部位を叩いてみたり、そ
れぞれのリズムをつなげてより長いリズムにして練習
したりする場面を設ける。次時では、リクエストのあっ
た曲に本時で考えたリズムと振り付けを合わせて踊
り、発表を行う。

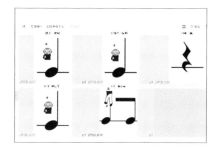

実践者よりひとこと

単元の初期に教師が用意したリズムや振り付けで曲に合わせて踊る活動を十分に
行ったことで、今回の自分でリズムや振り付けを考える活動にスムーズに入ること
ができました。それぞれのリズムを即時に共有して踊ったり、友だちの考えたリズ
ムを取り入れようとしたりとロイロノートを通じて活動が深まりました。

〈参考文献〉
ドロップレット・プロジェクト https://droptalk.net/

13

特別支援学校　中学部／全学年

保健体育　｜　知的・自閉情緒　｜　熊本県立小国支援学校●**福本幹彦**

10分間走の目標設定と振り返り
手描き機能を使ってカードに記入しデータ管理

● 子どもの実態・授業形態

対象　特別支援学校学習指導要領（知的障害）の小学部1段階〜中学部1段階程度。

授業・実践　中学部全生徒8名、教師6名で学習。

● 実践概要

現状　基本的なタブレットの操作を習得している生徒から、教師と一緒に指を動かし操作をする生徒までと実態差は大きい。

目標　記録を見返したり自分で目標を立てたりして10分間走に取り組む。

ロイロを使った手立て　[Tip 3]作成したカードを送る。

[Tip11]手描き機能を使って、記録カードに記入する。

[Tip18]カードインカードで、数直線上に配置したカードを操作する。

効果・成果　前時の記録を見返し本時の目標を立てることで、周回数を意識して取り組むことができるようになってきた。また、走った距離だけ数直線に配置したカードを操作することで、どのくらいがんばったのかを実感することができた。

● 実践のポイント

手元で前時までの周回数を見返したり、目標を決めたりできるため、10分間走に対するモチベーションを高めたり、維持したりするきっかけになる。また、1か月の合計距離を計算し、カードインカードで数直線上に設置したカードを自分で操作し、走った距離だけ伸ばすことで、どのくらい走ったのかが視覚的にわかりやすい。

使い方

事前準備

1 生徒の周回数を記録する

Google スプレッドシートで周回数チェックシートを作成し、生徒の周回数を毎回チェックして、すぐに生徒に伝えられるようにしておく。

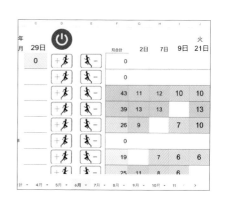

2 「10分間走記録表」「走行距離表」を作成する

Word で「10 分間走記録表」「走行距離表」を作成し、PDF に書き換え、ロイロノートに取り込んでおく [Tip14]。「10 分間走記録表」は、文字で伝えるのが苦手な生徒が感想を考えて表現するヒントになるように、イラストで選択できるようにする。「走行距離表」は、数字だけではなく数直線にして、視覚的にわかりやすくしておく。

3 ノートを作成する

授業一覧から該当の授業を選んだ後、「ノートを新規作成」を押して「OK」する。

4 「10分間走記録表」「走行距離表」を送る

送る [Tip 3] を押し、「カードの送り先」から「全員」を選択し、「10 分間走記録表」「走行距離表」を生徒全員に送る

取組み

1 走る前に「目標」を立ててから走ることを伝える。ロイロを起動し、「ノートを新規作成」する

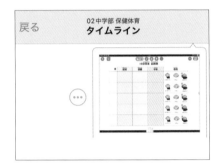

授業一覧の中から該当の授業（ここでは「保健体育」）を選択し、「ノートを新規作成」することを伝える。

2 「送る」から「10分間走記録表」を取り出し、使用できる状態にする

送る［Tip3］を押すと「タイムライン」が確認できることを伝え、「タイムライン」の中から「10分間走記録表」を選択し、「使用する」を押すか、ドラッグ＆ドロップで取り出すことができることを伝える。

3 「前回」の記録を確認し、「目標」を立てる

導入初日は、手描き機能［Tip11］を使って「目標」を記入することを伝える。2回目以降からは、「前回」に記録し、「前回」の記録を参考にしながら「目標」を立てることができる。

4 「今回」の記録と「感想」を記入する

ロイロノートを起動し、教師から本時の周回数を確認した手描き機能［Tip11］を使って記入をする。また、「感想」はスムーズに回答できるように3択を準備し、選択できるようにしている。

5 「10分間走記録表」を「提出」に入れる

「10分間走記録表」は「感想」まで記入したら「提出」に入れる。「提出」に入れると、提出先の提出箱が選択できるので、本時の日付と提出期限が記された提出箱を選択する。

6 「走行距離表」を毎月作成していくことを伝える

月末にその月の周回数を計算し、「走行距離表」を作成することを伝える。どのくらい走ったのかを視覚的にわかりやすいようにカードインカード［Tip18］で数直線にして作成した。

7 「送る」［Tip3］から「走行距離表」を取り出し、作成する

送る［Tip3］を押し「タイムライン」から「走行距離表」を選択し、「使用する」か、ドラッグ＆ドロップで取り出す。カードインカード［Tip18］によって作成した「走行距離表」は、走った距離だけカードを数直線に沿って引き伸ばせるようにしてある。作成後は「提出」に入れる。

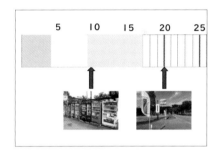

8 「走行距離表」をPDFとして書き出す

カードインカード［Tip18］は月ごとに色分けをする。カードを間違って動かしてしまうということがないように、 マークを押し、「書き出し」→「PDF ファイル」の順で選択し、PDF として書き出す。書き出したPDF は、翌月、生徒ごとに送る。

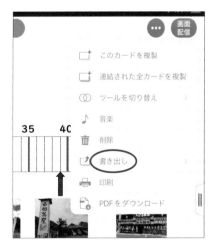

実践者よりひとこと

取組み前は走る前に前回の記録を伝えるだけでしたが、自分で記録を確認したり、目標を決めたり、振り返ったりしたことで、周回数を意識する生徒が増えてきました。

14

特別支援学校　中学部／全学年

職業・家庭　知的・自閉情緒　熊本大学教育学部附属特別支援学校●後藤匡敬

楽しみながら操作をマスターしよう!
カメラと録音と手描き機能で活用が広がる

子どもの実態・授業形態

対象 特別支援学校学習指導要領（知的障害）の小学部2・3段階、中学部1・2段階程度。

授業・実践 生徒18名、教師8名。Zoomを使用したオンライン形式。メインティーチャーが別室から配信し、サブティーチャーと生徒は各教室のモニターにZoomを接続して視聴。

実践概要

現状 タブレットの操作スキルは、操作経験により実態が大きく離れている。

目標 ロイロノートの概念を楽しく操作する中で、生徒も保護者も一緒に習得する。

ロイロを使った手立て [Tip11] 手描き機能で盛り上がる授業展開。
[Tip 5] 回答共有で、お互いの学びを参考に、自分の学びに生かすことができる。

効果・成果 ロイロノートを使ったミニワーク（ロイロミッション）を重ねることで、[提出]の操作を反復することになり、操作スキルが向上した。また、手描き機能や録音、カード操作など、ロイロノートの基本概念も理解できた。ロイロミッションを親子ICT教室（授業参観）でも実施すると、保護者の理解が進み、端末の持ち帰り時にロイロノートを使った家庭学習がしやすくなった。

実践のポイント

ロイロミッションを楽しむうちに、手描き機能、録音、カメラ、カード操作等の基本操作スキルが自然と上達する。

ロイロミッション

今日のうんだめし　掲示板づくり

早口言葉　いろいろな線引き

使い方

事前準備

1 ロイロミッションの カードを準備する

ロイロミッションで用いるカード（画像）をノートに
保存する。このカードは、筆者が運営する「Teach U
〜特別支援教育のプレゼン教材サイト〜」からダウン
ロードできる。カード（画像）をダウンロードや、ス
クリーンショット、ドラッグアンドドロップ等をして
ロイロのノートで使える状態にする。

ミニワーク・ミッション（Teach U）
（今日のうんだめし／掲示板／早口
言葉）

2 「今日のうんだめし」の数字を 手描き機能で塗りつぶす

3行×3列の9つの数字を手描き機能のグレーのペン
で塗りつぶし、消しゴムツールでスクラッチできる状
態にする。

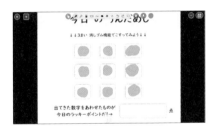

3 ノートを作成する

カードを画面左側の送る［Tip3］に移動する（矢印が
青色になるまで）。すると、「カードの送り先を選択」の
画面になったら、「生徒」を選択し、カードを共有した
い生徒を選んで送信する。一度送信すると、送信された
カードはタイムラインで自由に使用できるようになる。
または、資料箱［Tip6］に移動させ（矢印がオレンジ
色になるまで）、保存先のフォルダを指定する。

矢印が青色に変わる

矢印がオレンジ色に変わる

4 提出箱を作る

事前に提出箱［Tip4］を作っておくと、授業中に慌て
ずに済む。画面左側の「提出箱」を押し、「新しい提出
箱を作る」を選んで提出箱の名前を付ける。授業前に
作成する際は、「準備中で作成」を選ぶ。

取組み

1 ロイロミッション「今日のうんだめし」のカードを配る

配付した「今日のうんだめし」カードを開き、教師が事前に塗りつぶしておいた9つの目隠しのうち、3つを消しゴムツールで消すよう伝える。その後、出てきた数字を足し、今日のラッキーポイントとして下部の枠に書いてから、提出するように促す。

教室のモニターに映し出された提出物一覧を見ながら一番得点が大きな人を確認する。

提出箱の回答一覧は、表示の大きさを変えたり、回答を隠したり、表示したりと、提示する情報量を調整できる。

回答を表示

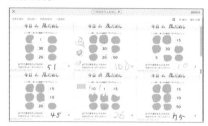

回答を隠す

2 ロイロミッション「掲示板づくり（写真やWebカードをトリミングして、ポスターみたいに並べてピン留め）」を配る

Webカード［Tip7］は、インターネット上の情報をカードにできる便利な機能で、インターネットの情報をそのままカードにでき、長押ししてカードの情報をトリミングできる。カメラで撮った写真も同様にトリミング可能である。また、カードの中にカードを入れるカードインカード［Tip18］は便利だが、カードを動かすとき、その中に入ったカードを誤って動かしてしまうことがある。そうならないために、赤いピンマークを押すことで、画鋲で固定するようにカードの位置を固定（ピン留め）することができる。

3 ロイロミッション
「はやくちことばを録音して送る」を配る

配られた「はやくちことば」に書いてある言葉を読み上げたものを録音［Tip10］して、提出箱に提出するよう伝える。録音したものは開始地点や終了地点を調整できたり、再生速度を変更したりできる。提出箱の「回答共有［Tip 5］」をすれば、生徒同士で録音した声を聞き合うことができる。

4 ロイロミッション
「いろいろな線引き」を配る

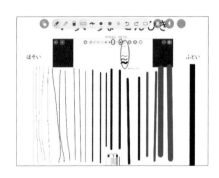

手描き機能［Tip11］の基本的な学習をする。教師が一番細い線で線を引くのを見て、同じように設定を教室のモニターに映し出される動きを真似しながら一番細い線を引くよう促す。他にも線の太さを変えたり、色を変えたり、定規ツールで真っすぐな線を引いたり、線の機能をいろいろ確かめる。また、書いた軌跡がしばらくして消えるレーザーポインターや、消しゴムツール、取り消し操作なども同時に確認する。

実践者よりひとこと

ロイロノートは操作しやすいですが、知的障害のある児童生徒にとって難しい場合があります。基本操作一つひとつを丁寧に、そして楽しみながら取り組むことで、操作を習得し、様々な生活場面で活用が広がります。やり直しがすぐにできるのも大きなメリットです。ミニワークなので、授業参観等、家族で一緒に操作体験もできます。

〈参考文献〉
後藤匡敬「触って、動かして、考えて、表現できる『ロイロノート・スクール』活用」（特別支援教育の実践研究会 編『ICT ×特別支援 GIGA スクールに対応したタブレット活用』明治図書、2021 年、pp.82-85）
後藤匡敬「親子 ICT 教室で端末持ち帰りを支援しよう（水内豊和・後藤匡敬 編著『シーズ（アプリ活用）とニーズ（授業展開）でわかる！ 特別支援教育 1 人 1 台端末活用実践ガイド　自立活動他編』明治図書、2022 年、pp.114-115）

ちょっと ひと工夫 ノート整理術

後藤匡敬
熊本大学教育学部附属特別支援学校

ロイロノートを使っているとよく目にするのが、画面いっぱいに広がったロイロのカードたち。ロイロのカードは1つ1つをつないだり、1つのグループに重ね合わせたりできる機能がありますが、日ごろから整理する習慣がないと、すぐに散らかってしまいます。目的のノートをすぐに開けるように整理しておけば、慌てずに授業でロイロノートを活用できるでしょう。学習のまとまり別や日付別など、用途に応じてノート整理術をお試しください。

ノートの名前の決め方にひと工夫

ロイロノートでノートを作る際、最初にノートの名前を決めます。授業を選択し、「新しいノートを作る」を押しますが、最初は「2023年7月16日のノート」のように「日付＋のノート」となっています。日付ごとに整理される仕組みですが、どんな内容なのかはわからず、後で目的のカードを探す際に時間がかかりがちです。**学習のまとまり（単元ごと）**でノートを整理した方が後々役立つケースもありそうです。

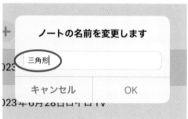

⚫⚫⚫マークを押すと、ノートの名前を変更できます。整理しやすいお好きな名前に変更しましょう。

学習の単元名にしたり、「授業」「宿題」などの用途別もおすすめです。名前の付け方の工夫次第で様々な整理ができます。自分に合った整理を児童生徒とぜひ学習して探してみてください。最初に、名前の付け方に決まりを作っておくと、助かる児童生徒はいるかもしれません。校務等でロイロノートを使っている場合は、教師にとっても役立つ整理術です。

カレンダーで
日付別に整理

　ここでは、カレンダーを使って**日付別**にノートを整理する方法を紹介します。

　授業で使ったカードをつなぎ［Tip 2］、1つのグループにします。1枚目にカードの内容などがわかる文章を入れたり、特徴的な画像を入れたりすると、後でサムネイルのような役目を果たします。

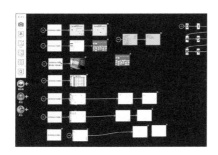

　カレンダーの画像を用意します。

　Web 版のロイロ［Tip14］だと、画像をドラッグ＆ドロップで ロイロノートの中にカードとして手軽に保存できます。以下のURL ではロイロで使えるカレンダーを配信しています（右下の二次元コード参照）。

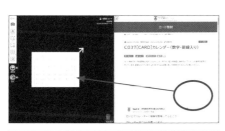

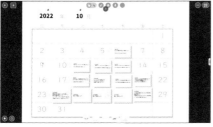

　カードインカード［Tip18］の機能を使い、カレンダーの画像の日付の枠に、まとめたカードを重ねて置きます。大きさは枠に収まるように調節します。これでカードを日付ごとに整理できます。

　ただ、1つのカードにたくさん入れすぎると、読み込み速度が遅くなるので、1つのノート当たりのカード枚数にはご留意ください。

シンキングツールを使う

　シンキングツール［Tip19］を使うのも1つの手です。シンキングツールの本来の意図とは異なる使い方になりますが、工夫次第で、シンキングツールの枠がノートの整理に役立ちますので、自分なりのアレンジを考えてみてください。

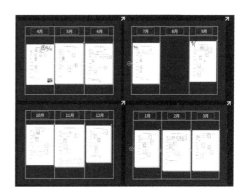

★ Teach U ～特別支援教育のためのプレゼン教材サイト～
C037[CARD] カレンダー 数字・罫線入り https://musashi.
educ.kumamoto u.ac.jp/c037

| 特別の教科　道徳 | 知的・自閉情緒 | 熊本県立小国支援学校●日置健児朗 |

見える、わかる、伝え合える表出づくり
アプリ連動や回答共有を用いて相互理解する

● 子どもの実態・授業形態

| 対象 | 特別支援学校学習指導要領（知的障害）　小学部1段階〜中学部2段階。 |
| 授業・実践 | 生徒23名、教師10名の全学年一斉での学習。 |

● 実践概要

現状	タブレットの操作スキルについては、自分一人でできる、教師の支援を必要とする等、様々である。コミュニケーション面についても、言葉で気持ちを表現できる生徒、表情のイラストを選択やジェスチャーを通して表現できる生徒など幅広い実態がある。
目標	言葉で書いたり表情イラストや色から選んだりして、自分の気持ちを表現できる。
ロイロを使った手立て	[Tip 1]ミー文字（様々な顔等のパーツを選び、自分の表情に似せて作成するキャラクター文字）や表情イラストの画像をカード化する。

[Tip 4]生他の生徒の発表内容を参考にし、さらに自身の考えを深めるきっかけとなる。

[Tip11]イラストカードの自由な操作や簡単な文字の書き直しができる。

[Tip18]気持ちや考えに応じて、ミー文字や表情イラストを選択し、挿入できる。

| 効果・成果 | • カード化した表情イラストや文字入力の絵文字キーボードを用いて操作・選択をするなど、自分の気持ちを表出しやすい方法を用いて表現できた。 |

• 回答共有機能により、生徒が互いの気持ちや考えに触れて共感したり、日頃の気づきやよさなども伝え合ったりするきっかけとなった。

● 実践のポイント

気持ちを表現する語彙が少ない、あるいは表出が難しい生徒にとって、表情イラストや色等を選択して自分の気持ちや考えをシンプルな操作で即時に意思表示できるため、周りにも伝わりやすく、伝える安心感を育むことができる。

使い方

事前準備

1 通常ノートを作成し、資料箱からスライドを送る

生徒には授業とクラスを選んだ後、「ノートを新規作成」を押し、「通常ノート」を選び、ノートを開いて準備しておくよう予め伝えておく。全員の入室の確認が済み次第、教師は資料箱［Tip6］から提示スライドのカード等を選択する。資料箱にはワークシートを入れておく。

2 作成しているミー文字を画像化し、カードとして取り込む

予め Pages(ページレイアウトアプリケーション) で様々な表情のミー文字を作成しておき、自分の気持ちや考えに近い表情を Pages で選択してロイロノートに取り込む。表情の画像は、提出箱にそのまま出したり、カードインカードでワークシートに貼り付けたりできるため、より自分の感情表出を豊かにすることができる。

3 数種類のワークシートや表情イラストをカードにして取り込む

PowerPoint で作成したスライドやダウンロードした表情イラストの画像を PDF 化し、事前に資料箱に取り込んでおくことで、即時活用することができる。

取組み

1 アイスブレイク:「今の気持ちをミー文字や表情イラストで表現」

生徒はミー文字をロイロノートに貼り付け［Tip1］、資料箱から送ったカード化したワークシートにカードインカード［Tip18］し、複数を選んで配置したり、画像の大きさを調整したりする。生徒の実態に応じて手描き機能［Tip11］や文字入力で気持ちなどを生徒が記入するようにする。提出箱で集め、回答共有する。

2 イメージしやすい表情の画像を提示する

導入として、イメージして考えやすいようにキャラクターの表情のみにフォーカスした画像を提示し、「（キャラクターは）どのような気持ちや考えなのか」について考え、ワークシートのカードに書いたり、表情イラストから選んだりできるようにする。
次に少し内容をステップアップし、スポーツ選手の表情や上半身をフォーカスした画像を提示し、同じく気持ちや考えについてワークシートのカードに記入するよう促す。画像を提示すると視覚的にイメージしながら考えやすくなる。また、「気持ちを色で表現してみよう」と問いかけ、手描き機能でハートに色で塗る活動をする。

3 気持ちや考えを色や表情イラストで表現し、写真に撮って情報をまとめるよう促す

カメラ機能［Tip 9］を使えば、紙で表現したワークシートも写真に残して提出箱で生徒同士で共有［Tip5］できる。

4 グループごとに提出箱の中身を 見ながら、意見交換をするよう促す

生徒が書いたワークシートを提出箱［Tip4］に出した後、気持ちや考えを伝えたり、共感し合ったりするとともに、さらに感じたことなどを追記するよう促す。

5 全体発表で、互いの気持ちや考えを 共有し、気づけるようにする

発表希望者もしくは教師が推薦して提出箱［Tip4］に提出した生徒の回答（ワークシート）を、発表できる場を設ける。生徒たちは発表を受け、教師は生徒本人の伝えたいことを汲み取って、他の生徒に伝わる表現で言い換えることで、ポジティブな気づきを伝え合ったり称賛し合ったりする雰囲気を作る。

実践者よりひとこと

生徒同士が日頃生活を共にする中で何気なく感じていた気持ちなどを、ロイロノートを通して視覚化し共有することで、改めて外見と内面の違いに気づくきっかけになりました。自分の気持ちが相手に伝わる成功体験を重ねることで、気持ちを表現する喜びを感じ、もっと気持ちを周りに伝えたいという意欲の芽生えへつながってくれればと思います。

〈参考文献〉
日置健児朗・本吉大介・今井伸和・高崎文子「知的障害特別支援学校中学部における各教科等と関連した「特別の教科 道徳」の授業づくり―熊本大学教育学部との連携協働による授業開発プロジェクト―」（『日本教育大学協会研究年報　第39集』2022年、pp.137-148）
「代弁的・翻訳的支援を大切にした高等部全体での一斉指導」（『実践みんなの特別支援教育　9月号：知的障害のある子に応じた道徳教育のポイント』学研教育みらい、2023年、pp.14-17）

16

特別支援学校　中学部／全学年

日常生活の指導 ｜ （知的・自閉情緒）

旭川市立大学●山崎智仁

学校の準備をしよう!
カードとカメラで忘れ物0作戦

● **子どもの実態・授業形態**

対象 ｜ 身近なものを表す平仮名の単語の読み書きができる。繰り上がりのない一桁同士の数のたし算ができる。一人で着替えたり、登下校の準備をしたりすることができる。

授業・実践 ｜ 生徒の下校後にオンラインで支援。

● **実践概要**

現状 ｜ 対象生徒は、帰宅後に連絡帳を手掛かりに次の日の学校の準備を行うが、連絡帳に書いてあることを読み飛ばしたり、内容を上手く読み取ることができなかったりすることがある。そのため、学校の準備をしてきたつもりが、いざ活動になると忘れ物があり、困ってしまったり、教師から注意を受け、活動に集中できなかったりする。また、保護者は仕事のため、生徒と一緒に学校の準備をすることが難しい。

目標 ｜ 次の日の学校の準備を行う。学校の準備を習慣化する。

ロイロを使った手立て ｜ [Tip19]シンキングツールを活用することで項目が整理され、わかりやすくすることができる。

効果・成果 ｜ 次の日に学校に持っていく荷物を連絡帳で確認しながら自分で準備し、ロイロノートを介して教師に最終確認をしてもらうことで忘れ物をすることが少なくなった。帰宅後に、連絡帳を確認しながら学校の準備をする生活習慣が身についた。

● **実践のポイント**

学校の準備を行い、カードを提出すると教師から称賛の言葉が書かれたカードが返ってくるため、称賛を励みに毎日がんばりたくなる。また、準備物がたりないと称賛の言葉がもらえないため、準備がしっかりとできているか確認する習慣も身につく。

使い方

事前準備

1 シンキングツールを作成する

シンキングツール［Tip 19］の中から「PMI/KWL」を選択する。

シンキングツール

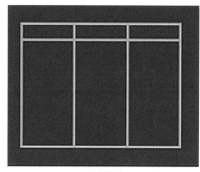
PMI/KWL

2 シンキングツールを編集し、カードを作る

シンキングツールの中に「せいふく」「リュック」「そのた」を入力し、カードを完成させる。

3 カードを資料箱に保存し、生徒が取り出せるようにする

資料箱の「授業内共有」にカードを保存する。生徒にカードの保存先を伝え、カードの取り出し方を伝えておく。

4 生徒がカードを提出する提出箱を設ける

生徒が学校の準備を終え、カードを作成した際に提出するための提出箱を設ける。締切り日時が長期間にわたるように設定しておく。

1 生徒に明日の学校の準備を行うように伝える

帰宅したら学校の準備を行い、カメラで撮影してカードを提出するように声をかけておく。保護者にも事前に取組みの説明を行っておく。

2 生徒に学校の準備を行いカメラで撮影してもらう

生徒が帰宅後、制服をハンガーにかけたり、明日の荷物の準備ができたりしたら、それらをカメラで撮影してもらう。その後、リュックに荷物を入れて、学校の準備を終えてもらう。

3 生徒にカメラで撮影した画像をカードに挿入してもらう

資料箱からカードを取り出してカードに撮影した制服や荷物などの画像を種類ごとに挿入してもらう。全ての画像の挿入を終えたら、カードを提出箱に提出してもらう。

4 カードを確認し、忘れ物がないかを確認する

生徒が提出したカードの画像と明日の予定を照らし合わせ、他に必要な荷物がないかを確認する。準備がしっかりとできていたら、カードに称賛の言葉を書き込み、生徒に返却する。他に必要な荷物がある場合は、カードに書き込んで返却することで知らせる。

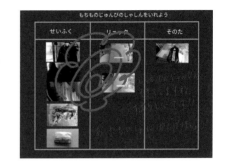

実践者よりひとこと

生徒は毎日継続して学校の準備に取り組むことができました。これまでは忘れ物が多く、教師から注意を受けることが多かった生徒でしたが、この取り組みを始めたことで褒められることが増え、活動に集中できるようになりました。また、教師から称賛を得られるように連絡帳や荷物の確認を丁寧に行う習慣が身につきました。ロイロノートのわかりやすい UI や手軽に使える各機能により、容易にカードを作成して教師に送ることができるのも取組みの継続につながった要因だと思います。

17

特別支援学校　中学部／全学年

生活単元学習　｜　知的　｜　熊本大学教育学部附属特別支援学校●後藤匡敬

先輩を思い浮かべながら寄せ書きを書こう！
共有ノートを使って、同時に編集

● **子どもの実態・授業形態**

| 対象 | 知的障害特別支援学校学習指導要領の小学部2・3段階、中学部1・2段階程度。 |
| 授業・実践 | 生徒18名、教師8名で授業。 |

● **実践概要**

現状	タブレットの操作スキルは、操作経験により実態が大きく離れている。手本となる動きなどを模倣してパフォーマンスできる生徒が多い。
目標	・自分でなぞり絵やイラスト描きをする。 ・卒業生に渡す寄せ書きを他の生徒と一緒に作る。
ロイロを使った手立て	[Tip11]輪郭は通常の手描き機能、色塗りは蛍光ペンにすることで、絵としてまとまりやすく、生徒が諦めずに描きやすい。 [Tip20]共有ノートで他の生徒の動きを参考にできる。
効果・成果	下絵を見ながら絵を描けるので、安心感をもって生徒それぞれが先輩の顔や花の絵を描く活動に取り組むことができた。また、共有ノートにより、やり方がわからない生徒は、他の生徒のカードの動きを見ながら見通しをもったり、模倣したりして寄せ書き作りに取り組むことができた。

● **実践のポイント**

手描き機能で花の色を塗る際は、蛍光ペンがおすすめ。色が透けるため、塗りつぶしすぎず、絵としてまとまりやすい。また、共有ノートの機能を使えば、他の生徒の動きを把握し自分の方法に反映できる。役割分担しながら同じものを編集でき、進捗を確認しながら安心して活動に取り組むことができる。

使い方

事前準備

1　共有ノートを作成する

授業とクラスを選んだ後、「ノートを新規作成」を押すと、「通常ノート」と「共有ノート」[Tip20]が選べるようになっている。ここで「共有ノート」を選択する。

2　ワークシートを用意する

必要なワークシートは事前にロイロノートに取り込んでおく。また、ロイロノートのテキストカード2色を使って「卒業生」と「在校生」の枠を作る。顔写真をカードとして取り込んでおくと、それぞれの顔をロイロノート上で動かすことができ、生徒がタブレット上で動かす学習課題をつくることができる。

3　下絵となる先輩の顔写真や花の写真を用意する

なぞり絵は、テキストカードの上に少し小さいサイズに縮めた写真等を貼り付け、ピン留めしておく。卒業する先輩の顔写真や花の写真をロイロノートにカードとして取り込み、すべてのカードをつなぐ[Tip2]。

4　先輩の顔写真と花の写真を保存する

資料箱[Tip6]にひとまとめにした顔写真や花の写真をドラッグアンドドロップで移動させ、保存する。またはカードを送る[Tip3]で生徒個人に送信した場合、タイムラインに保存されるため活用しやすい。

タイムラインに保存されている

取組み

1 先輩と後輩の写真を ワークシート上で分類するよう促す

顔写真を卒業生と在校生に分類する活動を通して、卒業する先輩に意識を向ける。

2 単元の流れをカレンダーで確認する

ワークシートのカレンダーで活動の見通しを立てる。今回は、PowerPoint で作ったカレンダーを PDF にして Web 版［Tip14］で読み込んだ。

3 各生徒で似顔絵、花、 メッセージ制作を始めるよう伝える

生徒の実態に合わせて、なぞり絵や塗り絵、視写ができるように表現の選択肢を用意する。写真の輪郭は通常の手描き機能［Tip11］、色塗りは蛍光ペンがおすすめ。なぞり絵はある程度書いてから写真のピン留めを解除し、位置をずらすことで進捗状況を自ら確認できる。再び書く際は、元の位置に戻してピン留めをする。

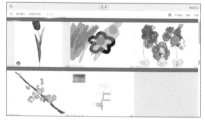

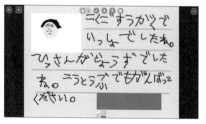

4 共有ノートの寄せ書きに集める

最初に共有ノート使用の際の約束を確認し、共有ノートはみんなが使う公の場であること確認する。その後、似顔絵、花、メッセージの素材を集め、卒業生の人数分の寄せ書きをレイアウトする。

5 在校生から卒業生に寄せ書きを渡す

印刷して色紙に貼ったものを感謝の言葉と共に卒業生に渡す。花の絵をたくさん集めると、ブーケのようになり、今回は印刷して会場装飾に使った。

共有ノートの約束
- 共有ノートは，みんなが使う**公共の場所**。公園や道路と一緒です。
- 他の人が作ったものは動かしません。
- 間違って触った時は，落ち着いて「 ⤺ 」を押しましょう。

実践者よりひとこと

この取組みでは、先輩への卒業記念を渡す活動を通して、在校生が一丸となるのにロイロノートの共有ノートが効果的であったと感じています。また、手描き機能をはじめ、様々な機能を使うことで、寄せ書き作りの活動に自信をもって臨むことができました。

〈参考文献〉
後藤匡敬「【授業案解説】中1 美術、社会［社会］ア　社会参加ときまり／［美術］A　表現 熊本大学教育学部附属特別支援学校」、ロイロノート公式 YouTube チャンネル（2023）https://youtu.be/Kat3yW_hWVs

18

特別支援学校　中学部／1～3年

作業学習　｜　知的　　　　　熊本大学教育学部附属特別支援学校●多田 肇

振り返りと改善を促す作業評価シート
情報の一元化による効率的な評価システム

● **子どもの実態・授業形態**

| 対象 | 特別支援学校学習指導要領（知的障害）の小学部1段階～中学部2段階程度。 |
| 授業・実践 | 生徒9名、教師4名の中学部学年縦割りのグループで学習。 |

● **実践概要**

現状	作業学習の経験は学年で差がある。学習習熟度も幅広く、文字や数字では作業評価の理解が難しい生徒も在籍している。写真や動画等で自分の活動を振り返る経験をこれまで積んできている。
目標	ロイロノートで作業評価を一元化することで、自分の評価を客観的に捉え、次の改善に結び付けたり、作業の達成感につなげたりする。
ロイロを使った手立て	[Tip 1]カードを棒の形状に変更して出来高数をグラフ化して提示できる。 [Tip 9]作業中の様子を写真や動画で撮影し、評価シートに入れることができる。 [Tip10]活動後に評価を生徒とやりとりしながら書きこむことができる。
効果・成果	これまでは生徒1人1枚ずつの紙媒体の評価シートだったが、ロイロノートで一元化したことにより、自分の評価と向き合って作業改善などに取り組んだりする姿が多く見られるようになり、また、評価を効率的に集約でき、業務の効率化を図ることができた。。

● **実践のポイント**

　PowerPointで作成した評価シートをロイロノート上でトリミングしてその日の作業評価枠のみ提示する。生徒の作業中の様子を撮影し、評価時にはその写真や動画を提示しながら具体的に評価していく。カードによる棒グラフを活用して作業製品の出来高を視覚的に伝わるようにする。

使い方

事前準備

1 通常ノートを作成する

授業とクラスを選んだ後、「ノートを新規作成」を押し、
「通常ノート」を選択する。

2 評価シートを取り込む

PowerPoint で作成した「評価シート」と「9名の生徒
の枠」を PDF 化し取り込む。

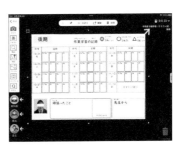

3 評価シートをトリミングする

「9名の生徒の枠」の中に評価シートを生徒分入れる。
そして、評価シートをトリミングして、1日分の評価
欄が枠内に収まるように大きさを揃える。

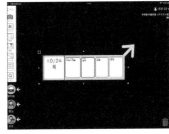

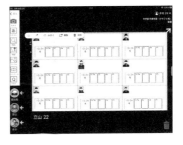

4 カードをグラフ化する

PowerPoint で作成したグラフの枠を PDF 化してロイ
ロノートに取り込み、カードをその枠の幅に揃えてお
く。

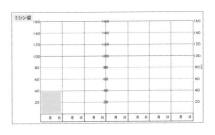

取組み

1 今日の作業目標を一緒に確認する

評価シートをテレビに映し出し、生徒一人ひとりのその日の作業工程や作業目標を確認して教師が書き込む。

2 作業中の様子を撮影する

生徒一人ひとりの作業の様子を写真や動画で撮影する。動画は1分以内とし、生徒の支援に影響がないようにする。

3 作業後に評価する

作業後の振り返りの時間に、評価シートに生徒の自己評価を書き込む。その後、作業中に撮影した写真や動画を提示したりしながら教師からの評価を伝えて評価の枠に書き込む。また、撮影した写真等はその生徒の評価シートに添付していつでも確認できるようにする。評価の基準は「◎目標を超えた」「〇目標と同じ」「△目標に届かない」の3段階とした。

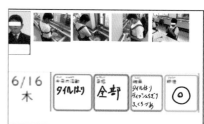

4 出来高数をグラフ化する

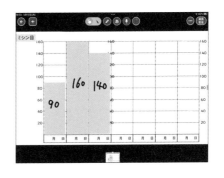

数量や数唱の理解が難しい生徒には、グラフ化したカードで出来高数を確認できるようにする。その際には、0 の位置からグラフの高さを指で動かしながらカードを出来高数の位置まで伸ばしていく。

5 評価シートの振り返りの設定

その日その日の評価で終わるのではなく、前回の評価と照らし合わせたりしながら、生徒一人ひとりの作業に取り組む姿勢やスキルの高まり等を称賛しつつ、達成感や成就感につなげていく。

6 評価シートの印刷

単元最終日には教師が生徒一人ひとりのコメント欄に評価を書き込み、PDF 化して印刷する。生徒は教室前の廊下にそれを掲示し、他の友だちや教師、保護者から見てもらえるようにする。

実践者よりひとこと

この取組みでは、情報の一元化を図ったことにより、効率的に評価を積み重ねながら生徒自身も自分の作業学習を客観的に振り返ることができていました。また、自分の作業成果をいつでも確認でき、意欲的に作業に取り組む姿も多く見られました。文字や写真、動画等をその場で一つにまとめて表示できるロイロノートは便利です。

19

特別支援学校　高等部／全学年

作業学習　｜　知的　　岩手大学教育学部附属特別支援学校●小原一志

陶芸製品を作って、販売しよう！
2月販売会に向けての目標をシンキングツールで話し合う

● 子どもの実態・授業形態

対象 作業学習においては概ね自分の力で作業を進めることができるが、コミュニケーション面で自分の思いや考えを表出することが苦手な生徒が多い。

授業・実践 生徒6名、教師2名のグループで学習。

● 実践概要

現状 陶芸班には1年生〜3年生の生徒が在籍している。コミュニケーションが苦手な生徒が多く、自分の考えや思いがうまく伝えられないことや考えをうまく整理することができない様子が見られる。

目標 2月販売会に向けて作る製品や目標数を仲間と話し合いながら決める。

ロイロを使った手立て [Tip19] 思考を可視化し、自分の考えを整理することができる。
[Tip20] 共有ノートで他の生徒の考えを参考にして、目標を考えることができる。

効果・成果 シンキングツールによって、自分の思いや考えを整理しながら、班の目標設定に必要なポイントを摑むことができた。共有ノートによって他者の考えや共通点、相違点を仲間と共有しながら、目標を考えたり、話合いに生かしたりすることができた。

● 実践のポイント

シンキングツールの「くまでチャート」は考えの共通点や相違点の整理に、「Yチャート」は自分の立てた目標を様々な視点で捉えることにそれぞれつながる。また共有ノートで他者の意見や考えを参照することが、考えの整理や伝え方の工夫につながる。

使い方

事前準備

1 共有ノートを作成する

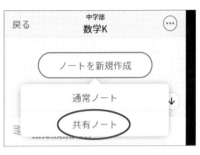

授業とクラスを選んだ後、「ノートを新規作成」を押す
と、「通常ノート」と「共有ノート」[Tip20] が選べる
ようになっている。ここで「共有ノート」を選択する。

2 共有ノートの権限を設定する

「共有ノート」を選ぶと権限の設定画面が表示される。
共有したいユーザー（生徒）の権限を「書き込み」に
設定する。

3 シンキングツール
「くまでチャート」を作成する

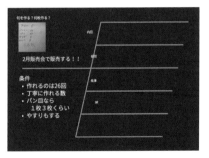

シンキングツールを選び、ツールの中から「くまで
チャート」[Tip19] を選択する。目標を考えるための
条件と記入欄を事前にピン留めしておく。

4 シンキングツール
「Yチャート」を作成する

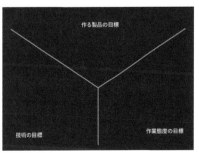

シンキングツールを選び、ツールの中から「Y チャート」
[Tip19] を選択する。考えた目標を整理するための視
点（製品の目標、技術面の目標、態度面の目標）をカー
ドに記入して設定する。

5 カレンダーを取り込む

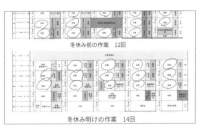

目標数設定の参考にできるようにカレンダーを取り込
む。Word で作成した PDF など、Web 版 [Tip14] を
使えば簡単に取り込むことができる。

取組み

1 2月販売会に向けての目標を考えることを伝え、カレンダーで日程を確認するように促す

ロイロノートを起動し、共有ノートに入るように伝える。事前に取り込んだカレンダーの日時や販売会までのスケジュール、日数を確認するよう促す。

2 シンキングツール「くまでチャート」で目標設定の条件を提示し、目標をそれぞれ考えて記入するように促す

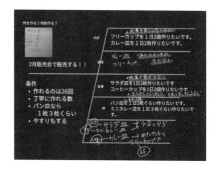

「くまでチャート」に製品の在庫状況、製作日数、これまでの作業の様子等の条件を教師が事前に記載しておき、目標を立てる際の参考にするよう促す。「くまでチャート」にはそれぞれが記入できる枠をピン留めしておく。

3 シンキングツール「Yチャート」で販売会に向けての目標を考えるように伝える

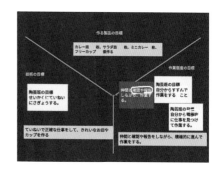

「Yチャート」上で、それぞれカードに考えた目標を書き込んでいくように促す。それぞれが考えた目標を視点ごと（製品の目標、技術面の目標、態度面の目標）に生徒と一緒に整理していく。ここで別な視点で新しい目標が思いついた生徒はカードを追加してもよいことを伝える。

個　集団

コミュニケーション

児童生徒の活動

児童生徒の学習

家庭の支援

教師の支援

4 それぞれの目標を比べながら、班の目標のまとめを行う

「くまでチャート」で生徒が考えた目標を提示しながら、販売会に向けて頑張ることや作るもの、製作個数などそれぞれの意見を共有していく。まとめる際は「Yチャート」の視点（製品の目標、技術面の目標、態度面の目標）も参考にし、2〜3つの目標にまとめていく。

実践者よりひとこと

作業学習では販売会に向けて目標を立てていますが、思いはあるものの上手く表現できない生徒が多いため、本実践ではシンキングツールと共有ノートを用いて、思考を可視化しました。可視化された他者の情報を参考に、整理、共有を通して、生徒自身の考えや思いを反映した目標を設定でき、明確な目標をもって作業をスタートさせることにつながりました。

〈参考文献〉
黒上晴夫『ロイロノート・スクール　シンキングツールを学ぶ』株式会社 LoiLo、2020 年

20

特別支援学校　小学部／5・6年

自立活動 ｜ 知的 　　　　　熊本大学教育学部附属特別支援学校●小田貴史

「キュベットくん」を案内しよう！

プログラムを表現して、提出箱を使ってみんなに発表する

● 子どもの実態・授業形態

対象　小学5年生及び6年生　障害の程度（中度〜軽度）。

授業・実践　児童6人、教師3人のグループで実施。

● 実践概要

現状　タブレットやプログラミングツールに関する興味が強く、操作の理解も比較的早い。

目標　カードインカード［Tip18］で、複数のカードを用いて「キュベット」のプログラムを表現することができる。

※「キュベット」とは英国プリモトイズ社が開発したプログラミングツール。

ロイロを使った手立て
［Tip 4］各児童で考えたプログラムを提出箱に送り、他の児童と共有する。

［Tip 6］カード化した「コントロールパネル」を資料箱に保存する。

［Tip 9］カメラで「コーディングブロック」を撮影して使う。

［Tip11］「コーディングブロック」の動き方を手描き機能で書き込む。

［Tip18］「コーディングブロック」を「コントロールパネル」に入れる。

効果・成果　ロイロノート上で操作をしながら試行錯誤してプログラムを考えたり、共有したりすることができた。

● 実践のポイント

ロイロノート上に画像化したコーディングブロックとコントロールパネルを用意する。他の児童と比較するため提出箱を用意する。

使い方

事前準備

1 「コントロールパネル」の モデルを取り込む

PowerPoint で作成し PDF 化させた「コントロールパネル」をロイロノート上に取り込む。ロイロノートは、PDF をカードとして取り込むことができる。

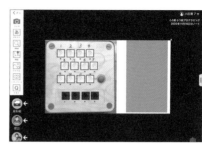

2 「コーディングブロック」を カード化する

「コーディングブロック」を一種類ずつカメラで撮影[Tip9] し、ロイロノート上に取り込む。取り込んだ画像を長押しし、画像周囲の不要な部分を取り除くためにトリミングをする。

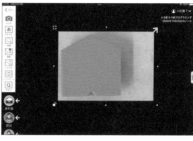

3 「コーディングブロック」をカード インカード [Tip18] で取り込む

「コントロールパネル」のモデル内に 2 でカード化した「コーディングブロック」を取り込む。

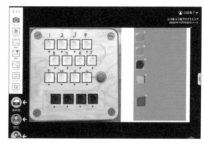

4 「コーディングブロック」を複製する

カード化した「コーディングブロック」を長押し、必要な数量の複製を行う。

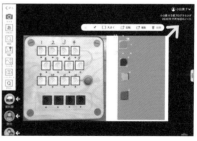

5 資料箱に保存する

カード化したコントロールパネルを資料箱に保存する[Tip6]。

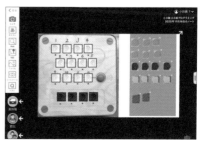

1 「コーディングブロック」の 動き方を示す

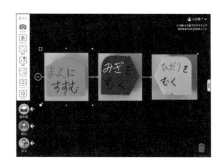

大型テレビにロイロノートを映し、カード化した「コーディングブロック」に手描き機能で動き方を教師が書き込む。

2 プログラムを考える準備を促す

ノートの新規作成と資料箱からカード化した「コントロールパネル」を取り出すよう促す。

3 考えたプログラムを示すよう伝える

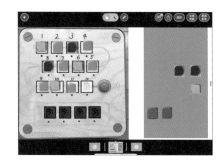

カード化した「コーディングブロック」を並べて入力するプログラムを示すよう伝える。

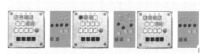

提出されたプログラムを共有する

提出箱に送られてきたプログラムを示し、考えを共有する。

5 「キュベット」に プログラムをするよう促す

「キュベット」にプログラムを入力するために、児童の手元に自分の書いたプログラムをロイロノート上で示す。

コミュニケーション

児童生徒の活動

児童生徒の学習

家庭の支援

教師の支援

実践者よりひとこと

ロイロノートを用いることで、複数人が同時に手元で操作しながらプログラムを考えることができました。提出箱を通して共有することで他の児童の考えにも触れ、実際に入力する前に間違いに気づく様子も見られました。また、自分の考えたプログラムを口頭で説明する際には、「コントロールパネル」の画像を示すことで説明の一助となりました。

〈参考文献〉
小田貴史「キュベットくんをあんないしよう」（金森克浩監修、水内豊和・齋藤大地編著『新時代を生きる力を育む知的・発達障害のある子のプログラミング教育実践 2』ジアース教育新社、2021 年）

| 自立活動 | 自閉情緒 | 熊本市教育委員会総合支援課特別支援教育室●**井手尾美樹** |

自分の「トリセツ」をつくろう

シンキングツールで気持ちを振り返り、自分のことをよく知る

● 子どもの実態・授業形態

| 対象 | 小学校　自閉症情緒障害特別支援学級。学年に準拠した教育課程。 |
| 授業・実践 | 児童6名、担任1名の少人数グループで学習。 |

● 実践概要

現状	「できない」「うまくいかない」状況への心理的負荷が大きく、不安が強いと表現が荒くなったり、ちょっとした友達との関わりでイライラが大きくなったりしてしまうことがある。
目標	・快・不快をどのような場面で感じるか、どのくらいの強さとして認識しているかを自己理解する。 ・友だちと共有することで、他者の感じ方に共感したり、他者のことを自分と異なる存在として理解し尊重したりすることができる。
ロイロを使った手立て	[Tip 6] 資料箱に予め感情カードが入ったシンキングツール「クラゲチャート」や気持ちの温度計などのWebページのカードを入れておくことで、使いたい時に使いたいものを選んで書くことができる。 [Tip 4] 提出箱を共有することで多様な考えに触れることができる。
効果・成果	自己理解が深まった。児童同士の共感的で肯定的な関係性が深まった。

● 実践のポイント

友だちの見えない感情を視覚的に理解できたことで、互いに寄り添った対応が増えた。

使い方

事前準備

1 シンキングツールを作成する

シンキングツール［Tip19］の中から「クラゲチャート」
を選択する。

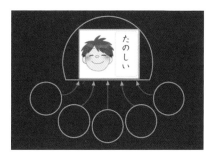

2 シンキングツールを編集し、カードを作る

クラゲチャートに「気持ちカード」を貼り付けたもの
を1つ準備しておく。

3 資料箱にカードを保存する

カードを資料箱に保存し、児童が取り出せるようにす
る。

4 児童がカードを提出する提出箱を設ける

初めの数回は、同じ「気持ち」（「たのしい」「ムカつく」
など）でカードを作るようにし、気持ちごとに提出箱
を作っておく。

5 共通して使用するWebカードを資料箱に入れる

Webページから共通して使用するカード（「気持ちの
温度計」など）を予め資料箱に入れ、児童がいつでも
取り出せるようにする。

※「気持ちの温度計」は熊本市教育センターのHPにて配信し
　ているデジタル教材。

1 「自分の『トリセツ』」を 作ることを伝える

導入として「自分の心にコップがあるとしたらどんなコップかな」と投げかける。快・不快どちらも、感情に強弱があることや、「テンション」や「気分」への影響を「コップの大きさ」として捉えるなど、自分を振り返り、感情のたまり方をイメージできるよう伝える。また、3学期にはまとめの動画を作成することを伝え、「自分の取り扱い説明書」のイメージを共有する。

2 感情ごとに「クラゲチャート」に 表すことを伝える

選んだ「感情」について、どんな時にその感情になるのか、場面を書き出していくよう伝える。

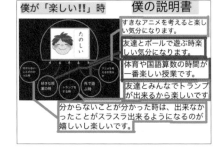

3 それぞれの場面を詳しく想起し、 自分の感情を理解する時間を設ける

「カードインカード」機能を用いて、書き出したそれぞれの場面について詳しい状況を想起するように促し、自分の感情についてより理解を深められるようにする。

4 感情の強さを可視化する 活動を行う

「気持ちの温度計」で可視化する活動を通して、自分にかかる負荷について直感的に示せるようにする。

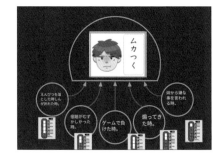

5 「提出箱」を示し、 友だちと共有することを伝える

友だちがカードを見ることについて納得しているか、一人ひとりに確認した上で、提出箱の回答共有をオンにする。他の児童と共有することで、共感し合ったり、相手への理解を深めたりする時間につなげる。感想を交流する時間も設ける。

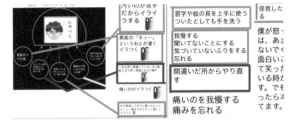

6 解決策をまとめる学習活動を設定する

それぞれの気持ちの強さに対し、自分がこれまでどのように対応してきたか、どう対応したいか、友だちからのアドバイスなども活かしながら、解決策について考えをまとめていく時間を設ける。

7 プレゼンテーションや動画を作成するよう伝え、発表する時間を設定する

作成したそれぞれのカードを、プレゼンテーションアプリにコピーしてつなぎ合わせて発表したり、音楽やナレーションを入れ動画にして保護者と共有することができるように編集したりと、自ら表現する時間を設ける。プレゼンテーションはロイロノート上でも可能だが、他のアプリに取り込むことで、音楽やスタンプを用いて、それぞれの個性が表現しやすいよう工夫する。最後にまとめの活動として設定することで、「あれ？このことでイライラしなくなってる！」と自分の変化にも気づきを促すことができる。

実践者よりひとこと

気持ちが爆発している時に、「トリセツ」を元に友だちが対応してくれたことなどが、一人ひとり「心地よい体験」として積み重なりました。友だちがやっている「解決法」を「やってみたい！」と生活に取り入れてみるなど、両者が関わり合うよさを実感することにつながり、学級全体に親和的で共感的な雰囲気が広がり深まりました。

〈参考文献〉
心の理解／気持ちの理解（顔）（特別支援教育デザイン研究会）https://sn1.e-kokoro.ne.jp/print/print_detail.php?kyozaino=P-111
気持ちの温度計（熊本市教育センター）http://www.kumamoto-kmm.ed.jp/kyouzai/web/tab_menu0.htm

22

特別支援学校　小学部／4〜6年

| 自立活動 | 聴覚 | 福岡県立小倉聴覚特別支援学校●小薗大将 |

ネットニュース、新聞の感想共有

共有ノート及び提出箱を使って意見交流&相互評価

● 子どもの実態・授業形態

| 対象 | 小学校学習指導要領に準ずる教育課程対象の小学部児童4・5・6年生。 |

| 授業・実践 | 4年生1名、5年生3名のみ、毎日朝の会の際に実施。6年生7名は月、金曜日に参加。併せて各学級担任4名が参加をしている。 |

● 実践概要

| 現状 | 手話や口話でやり取りをすることができるが、頻繁に使う言葉以外の語彙の獲得には反復学習を要する。また、文章を作る際に助詞の誤用がよく見られる。 |

| 目標 | ・ニュースを読んで、感想を文章に書き表すことができる。 |
| | ・お互いの感想を交流し、相手の考えに対して共感したり、コメントしたりできる。 |

ロイロを使った手立て	[Tip 4] 家庭学習として出題し、保護者とコミュニケーションをしながら取り組める。
	[Tip11] 教師が助詞等の文法を即時修正することができる。→発表の際には正しい文法で発表することができるため、他の児童の手本となる。
	[Tip20] 共有ノートにニュースカードを貼っておくことで、児童が自他のカードを見返すことができる。また、相互評価カードを用意することで見せ方を工夫したり、書きぶりを工夫したりする一助となった。

| 効果・成果 | 毎日繰り返して行うことでニュースを読む習慣、見る習慣を獲得できた。また、手話だけでなく文章や写真を併用しながら発表する等、自分が読んだ感想や意見を相手にわかりやすく伝えるために思考し組み立てる経験ができた。 |

● 実践のポイント

本物のニュースサイトだけでなく、誤った情報が載ったニュースサイトを課題として出題することで、インターネット上の情報の真偽を考える習慣を身につけることができる。

使い方

事前準備

1 共有ノートの作成

複数学年を 1 つのクラスにまとめ、そのクラスの共有ノートを作成する。その際に、PC 版の管理ページを用いて教師を複数人参加させておくと、教師間で児童の実態を共有できる。

2 共有するユーザーを選択

追加した児童や教師を共有するユーザーとして選択し、児童らが課題を作成できる環境を整える。

3 ノート内の環境整備①（カレンダー）

ノートにカレンダーカードを貼る。これは、使用したニュースサイトのカードをそれぞれの日付欄に貼ることで、自身の書いた感想だけでなく、その日の日本や世界の出来事を見返すことができるようにするためである。カレンダーのカードについては、p.79 を参照。

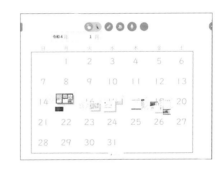

4 ノート内の環境整備②（Niceシール）

児童らが相互評価を行うことができるように、お互いの感想に感銘を受けた際は共有ノート内の表に「Niceシール」を貼り合うようにした。

取組み

1 活動の説明と通常ノートの作成

活動の流れを説明し、通常ノートを作成した。はじめから共有ノート内にカードを作成すると、他の児童のカードを操作したり誤って消去してしまったりすることがあるため、自分の作成した感想カードは通常ノートにも保管しておくよう説明した。

2 教師側による課題の選定

課題となるニュース及び新聞は教師側で選定した。選定基準としては、児童らの理解を深めることができるように、身近であったり、見聞きしたことのある内容であったりする記事とした。例えば、簡単なニュースを紹介するメールマガジン及び、NEWS WEB EASY[※1]の記事に関連する内容、または聴覚障害に係る内容、4・5・6年生の教科学習内で取り扱う単元に関連する内容である。（ルビのないニュースサイトについては実態に合わせて「ひらひらのひらがなめがね[※2]」を使用）

3 提出箱の設定

宿題として作成したものを即時提出することができるように、毎度下校時刻前までに提出箱を作成した。この時、提出箱の名前は、児童らがニュースを読む前にトピックに見通しをもつことができるように、課題となったニュースに関連するものとした。例えば出生率に関するニュースであれば、「赤ちゃん」とした。

4 児童らによる感想カードの作成

児童らに100文字以上で、ニュースに対する自分の意見を書くことを条件とした。児童らは自分なりに内容を解釈し、要約文と意見及び感想を書くことができた。

5 提出された感想カードの添削

教師は提出された感想カードの添削を発表前までに行った。添削する際のポイントは接続詞や、助詞、言葉の言い回しを中心とした。感想部分については、描画機能のマーカーペンを使って、強調した。

個　集団

コミュニケーション

児童生徒の活動

児童生徒の学習

家庭の支援

教師の支援

6 朝の会にて発表

出題した翌日の朝の10分間自立活動の際に、要約部分は省略し、感想部分のみ発表する時間を設けた。この時、児童が提出した感想カードを電子黒板に提示し、発表者は相手に伝わるように体を向け、相手にわかりやすい手話で表現するように指導を行った。児童らはお互いの意見を交流し、共感したり、違うところを見つけたりすることができた。

7 相互評価とカードの保管

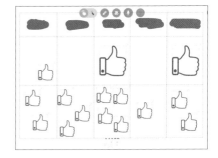

感想を聞き、発表の仕方がよかったり、内容に共感したりした児童の表に「Niceシール」を1人につき1枚ずつ貼ることとし、このシールは、複数人に貼ってもよいこととした。その日に提出された感想カードは、共有ノート内にあるカレンダーに貼り付け、児童らがいつでも見返すことができるようにした。

実践者よりひとこと

児童らにニュースや新聞の読み方、要約の仕方を習得させることができ、さらにニュースや友だちの意見に興味を向けることができました。また、課題となるニュースについて、児童らが保護者に聞いたり、わかったことを話したりすることもあったので家庭内コミュニケーションの活性化にも役立つことができ、今後も系統的に指導をしていければと思いました。聴覚障害児教育におけるロイロノートの活用の利点は、他者が作成した情報を視覚的に素早く捉えることができる点、情報が残るので、見返すことができる点だと思います。

〈参考文献〉
※ 1 NEWS WEB EASY [https://www3.nhk.or.jp/news/easy/]　※ 2 ひらひらのひらがなめがね [https://www.hiragana.jp/]

23

小学校／3・4年

| 自立活動 | （ 知的 ）

熊本市立弓削小学校●**村上精一**

熱中症から自分を守ろう!

写真と手描き機能を使って、熱中症を防ぐための格好を表現する

● 子どもの実態・授業形態

対象 当該学年の学習内容に準ずる教育課程と、特別支援学校学習指導要領（知的障害）の小学部2〜3段階程度。

授業・実践 児童5名、教師1名の一斉授業での学習。

● 実践概要

現状 知的障害特別支援学級の児童である。基本的なタブレットの操作は習得している。「暑い、のどが乾く」などの感覚が鈍麻であり、体調の変化に気づきづらい面がある。また、帽子を被ることを嫌がったり面倒くさがったりする様子が見られる。

目標 暑い日の外出時における帽子や水筒の必要性を実感し、自分で暑い日の格好を選択することができる。

ロイロを使った手立て [Tip 9] カメラ機能で、自分の格好を比較することができる。
[Tip 3] 教師がカードを送ることで、提出の方法を示すことができる。

効果・成果 暑い日における帽子や水筒の必要性を理解した後、実際に暑い日の外出時の格好を表現した姿を写真に撮って比較することで、自分用の確認カードを作成することができた。

● 実践のポイント

一斉授業による学び合いと児童同士が試行錯誤する活動を取り入れることで、目的をもって学習に参加することができる。また、写真を撮ることにより、自分の姿を客観的に捉えることができ、ロイロノートに保存しておくことで、必要に応じて確認することができる。

使い方

事前準備

1 通常ノートを作成する

授業当日までに「通常ノート」を作成し、必要な資料
や動画、写真などを準備する。

2 学習シートを作成する

児童に配付するシートを作成する。今回は、授業の中
での児童の意見を取り入れるために、レイアウトのみ
作成する。[Tip18] カードの中にカードを入れ、写真
の貼付箇所などを示す。

3 提出箱を事前に準備する

授業中、児童を待たせずに済むように、提出箱を事前
に作成する。

取組み

1 暑い日に外に出る時の格好を児童と共に確認する

児童に今の気温や予想最高気温などを示し、暑い日について共通理解を図る。そして、外で遊ぶ時の格好をしてもらい、帽子を被る児童と被らない児童がいることを全員で確認できるようにする。

2 帽子の必要性について意見を集約する

帽子を被る必要性について意見を集約し、板書にまとめる。板書には、文字だけではなく絵などの視覚情報も含めるようにする。

3 暑い日の外出時の格好について動画で伝える

熱中症を防ぐための動画コンテンツ「NHK for School」の「ストレッチマン・ゴールド」を電子黒板に写し、暑い日の外出時の格好についてまとめを行う。板書した内容は、カメラ［Tip9］で撮影し、カードに挿入［Tip18］する。

4 暑い日に相応しい格好をカードにまとめてもらう

3でまとめたカードを児童に送り［Tip3］、カードのまとめ方を説明する。カメラ［Tip9］で、熱中症を防いでいない格好と熱中症を防いでいる格好を互いに撮影する活動を取り入れる。

5 写真を貼り付けたカードを 提出箱に提出してもらう

撮影した写真をカードに入れ［Tip18］、熱中症を防ぐ方法をまとめるように促す。4 で帽子や水筒がない児童は、手描き機能［Tip11］で帽子や水筒を書き込むことで、まとめるように声かけをする。提出箱［Tip4］にまとめたカードを提出してもらい、全体で共有する。

実践者よりひとこと

この取組みを通して、帽子を被ることを嫌がっていた児童が、日頃の生活でも自分から帽子を被る様子が見られるようになりました。児童が自分自身で写真に撮ってカード化できるので、自分で確認しながら意欲的に活動することができます。また、写真を用いることで視覚的な支援ができます。ロイロノートを使うことで、指示も簡潔に済み、活動時間を確保できます。

24

特別支援学校　高等部／１年

| 自立活動 | （肢体不自由） 福島県立相馬支援学校（実践は福島県立平支援学校）●稲田健実

自分を知ろう!

シンキングツールを使って長所短所等をまとめ、共有ノートで話し合う

● 子どもの実態・授業形態

対象　準ずる教育課程の生徒たちである。体調不良や入院などで、学習に遅れがある部分がある。また、リアルな他者との関わりが少なく、様々な実体験も少ない。

授業・実践　生徒２名、教師１名で学習。

● 実践概要

現状　2名での学習の機会、集団での学習の機会が少なく、2名の会話も少ない状況にある。2名とも圧倒的に経験が少なく、メタ認知も弱い傾向にある。1名の生徒は高次脳機能障害で、記憶して留めておくことを苦手としている。一方、iPad等ICT機器の扱いには慣れており、キーボード入力も速い。また、ロイロノートは初めて使ったにもかかわらず、すぐに慣れ、使いこなすことができている。

目標　「自分」とは、「友だち」とは、さらに「あらたな自分」に気づくことができる。

ロイロを使った手立て　[Tip19]シンキングツールにより、構造化して考えをまとめることができる
[Tip20]共有ノートで他の生徒の考えを参考にしたり、助言したりできる。

効果・成果　シンキングツールを使うことで、自分の長所や短所を視覚的構造化しながらまとめることができた。共有ノートで、友だちの考えを参考にすることができた。さらに、友だちの考えに助言をしたり、友だちのカードを動かして、協働してまとめたりすることができた。

● 実践のポイント

自分のことはわかっていそうでわかっていないことが多い。まずは自分で自分の長所短所をまとめ、友だちから見た自分、自分から見た友だちの考えを出し合い議論することで、自分では気づかなかった自分、自分では短所と思っていたところが友だちから見れば長所だったなど、自分について新たな発見や気づきへとつなげることができる。

使い方

事前準備

1 共有ノートを作成する

タブの「共有ノート」を選び、共有ノートを作成する。

2 共有するユーザーを選択し、編集グループを作る

共有したいユーザー（生徒、教師 ID）を選択すると、選ばれたユーザーのみが編集できる共有ノートが作成される。

3 「自分とは?」の考え出しのカードを作る

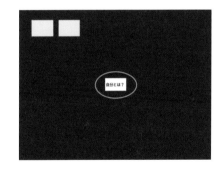

シンキングツールの「ウェビング」を用い、授業中に生徒に配付できるように前もってカードを作っておく。

4 シンキングツール「ベン図」を作成する

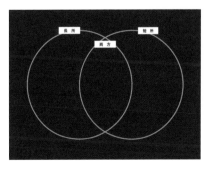

シンキングツールの「ベン図」を用い、前もって作っておく。その際、「長所」と「短所」に加え、「両方」という見出しを付けておく。

取組み

1 「自分とは？」の 考え出しをしてもらう

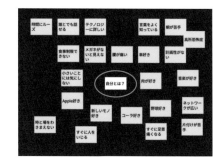

前もって作っておいた「ウェビング」を共有ノート上に2つ転送する。両生徒にはそれぞれ自分の方のウェビングに、できるだけたくさんの「自分とは？」のカード（1枚のカードに1つ）を作るように促す。その際、共有ノートであることから、友だちの経過が閲覧できるので、それが刺激になったり、参考になったりできるようにする。

2 「長所」「短所」「両方」に まとめてもらう

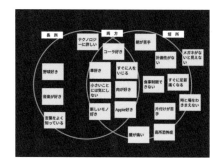

「ベン図」2枚を共有ノート上に転送する。生徒には自分の「ウェビング」に書いた1枚1枚のカードを、それぞれ自分の「ベン図」に移動させ、「長所」「短所」「両方」に分けながらまとめるように促す。

3 友だちの「自分とは？」を見てもらう

それぞれ友だちの「ベン図」を見るように伝える。その際、自分と同じ所や違う所に目が向くよう促す。さらに、友だちはこうカードに書いていたり、ベン図に置いていたりしているが、自分は違うように思う、等々の考える観点を示して、自由に考えてもらう。

4 友だちの「自分」について 話し合ってもらう

友だちのベン図を見て、自分と同じ所や違うところを発表し、さらに、友だちは気づいていないが、自分が思っている友だちはこうである、というところを話し合ってもらう。カードに出ている部分は、「ベン図」上で動かしながら話し合うように促す。また、新たな発見や気づきは、別の色のカードに書いて、「ベン図」の該当する箇所に貼るように促す。

5 あらためて自分の「長所」「短所」など について考えてもらう

自分から見た自分と、友だちから見た自分で、同じ所と違う所があることに目を向けられるようにする。さらには新たな発見や気づきについて考えるように促す。そのことによって「自分」への理解を深めてもらう。

実践者よりひとこと

思考や動きを可視化することで、記憶することが苦手な生徒も、一つひとつ確認しながら進めることができました。また、共有ノートを使うと、自分の端末で友だちの操作をリアルタイムで参照できるため、参考になったり、新たな気づきが生まれたりしている生徒の様子が見られました。

自分から見た自分と友だちから見た自分を合わせて見たり、話し合ったりすることで、自分では気づかなかった自分や、短所と思っていたことが実は長所だったことに気づくなど、自分自身をよりよく見つめるよい機会となりました。

総合的な学習の時間　｜　（知的）　　富山県立しらとり支援学校　●瀧脇隆志
（実践は富山大学教育学部附属特別支援学校）

いろいろな食物を旬の季節に分類しよう！
カード機能を使って、分類する

● **子どもの実態・授業形態**

対象	特別支援学校学習指導要領（知的障害）の中学部1〜2段階。
授業・実践	生徒9名、中学部教員3名、栄養教諭1名のグループで学習。

● **実践概要**

現状	基本的なタブレットの操作は習得しており、インターネットで食物の名前を検索することができるが、検索結果のどの部分に注目したらよいか教師の支援が必要な生徒もいる。おおよその生徒は、食物の写真やイラストを見て名称を答えたり、給食のメニューに使われている食物を答えたりすることができる。生活経験を基に「トマトやキュウリは夏」などと答えられる生徒もいる。調理実習を楽しみにしており、食物への関心が高い。
目標	食物の旬を調べ、季節ごとに分類することができる。
ロイロを使った手立て	[Tip18]季節のカードの中に、食物のカードを入れることで季節ごとに分類できる。 [Tip 4]季節ごとに分類したカードを提出箱に提出することができる。
効果・成果	これまでは、教師が事前にカードを作成しておく必要があった（生徒たちはテープを貼ることに労力を割かれ、分類ではなく、貼ることが目的になってしまうことがあった）。ロイロノートを活用することで、食物を旬の季節で分類するという活動に集中して取り組むことができた。提出されたものを見比べることで、友だちと自分の分類の違いに気づき、その理由を教師や友だちと聞き合う姿も見られた。また、旬についてそれまでの自分の考えが違っていたことに気づく姿が見られた。

● **実践のポイント**

画面にタッチしてカードを季節に分類するという簡単な活動なので、意欲的に活動に取り組める。提出機能を使うことで、友だちと比較することができる。食物のカードを操作して季節に分類することで、視覚的に食物の旬を確認することができる。

使い方

事前準備

1 食物のカードを作成する

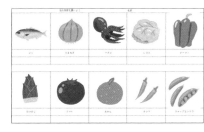

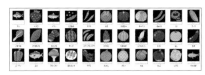

文章作成ソフトなどを使い、いろいろな食物の旬を調べるためのプリントを作成する。お絵描きソフトなどを使って、プリントに載せた食物を切り取り、PDFにして保存しておく。

2 季節カードを作成する

文章作成ソフトなどを使い、春夏秋冬に4分割した季節カードを作成し、PDFにして保存しておく。

3 ロイロノートに取り込む

作成しておいた食物カードと季節カードをロイロノートに取り込む。

4 カードを配置する

季節カードの周りに食物カードをランダムに配置する。

取組み

1 食物の旬を調べるように伝える

最初に、トマトやキュウリなど身近な食物の旬を知っているか確認したら、旬を知らないであろう食物の旬について出題し、それを知っているか尋ねる。いろいろな答えが出てきたら、これから食物の旬調べをすることを伝え、プリントを配付する。プリントに載っている食物の旬について、各自の Chromebook を使い、インターネットで検索するよう言葉かけする。

2 食物を旬の季節に分けてもらう

前時に記入したプリントを手がかりに、ロイロノートのカードインカード機能を使って、食物を旬の季節に分類するよう言葉かけする。大型テレビに映し出し、食物カードを動かして分類する手本を見せる。生徒のロイロノートにカードを配付する。旬の季節が複数ある場合は、食物のカードをコピーして分類するよう言葉かけし、大型テレビに映し出してコピーの仕方の手本を見せる。

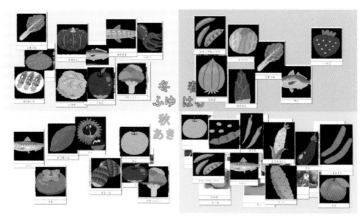

3 分類したカードを提出箱に送るように伝える

提出箱を作成し、生徒にわかりやすい名前を付ける。
提出箱の名前を伝え、分類したカードを提出機能を
使って、提出箱に送るよう言葉かけする。提出された
カードをテレビに映し出して、自分のカードと違うと
ころを探すように言葉かけする。

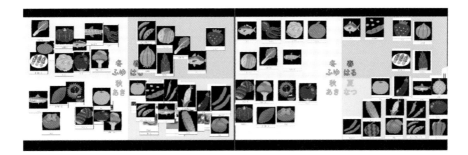

実践者よりひとこと

この実践では、ロイロノートを使用することで、食物を旬の季節に分類する活動に
集中して取り組むことができました。友だちと比較することで、違いに気づいて、
聞き合う姿が見られました。食物の旬を視覚的に捉えることができ、「これとこれ
の旬って同じだったんだ」と生徒の中に気づきがあったようです。

〈参考文献〉
伊﨑一夫『「見方・考え方」を鍛える小学校国語科の「思考スキル」』東洋館出版、2018 年

26

特別支援学校　中学部／全学年

特別活動 ┃ 知的・自閉情緒

旭川市立大学●山崎智仁

イライラしたらどうしよう
画面共有で友だちの考えを参考にする

● **子どもの実態・授業形態**

対象　発達年齢6歳程度から。

授業・実践　一斉指導

● **実践概要**

現状　日常生活の中で思い通りにいかなかったり、思いがけない他者の行動に不快を感じたりした際に、他者や物に攻撃的な行動を取ろうとする生徒。不快を感じていることを自己認知できていない生徒。

目標　自分がどのようなときに不快を感じているのかを考えたり、不快を感じた際にどのようにして気持ちを落ち着かせるかを考えたり、友だちの考えとの違いに気づいたりする。

ロイロを使った手立て　[Tip 4]ワークシートを提出箱に提出する
[Tip11]手描き機能を使用してワークシートに記入する。
[Tip13]ワークシートを一括表示したり、生徒に発表してもらったりする。

効果・成果　自分がどのようなときに不快を感じているのかが分かったり、不快を感じたりした際にどのようにすればよいかを考えることができた。友だちの考えと比較できるように表示したことで、他の落ち着く方法に気づくことができた。

● **実践のポイント**

選択肢を見て、自分がどのような場面で不快を感じるかを落ち着いて考えることができる。自分の考えと友だちの考えを比較することができるため、他の考え方に気づきやすい。

使い方

事前準備

1 授業進行用スライドを作成し、ロイロノートに取り込む

プレゼンテーションソフトにて授業進行用スライドを
作成し、PDF に変換する。ロイロノートに取り込む。

2 カードでワークシートを作成する①

「①悪口を言われたとき」のようなワークシートの選択
肢となるスライドを作成し、PDF に変換する。それら
をロイロノートに取り込み、ワークシートを作成する。

3 カードでワークシートを作成する②

カードを作成し、イライラしたときに落ち着く方法を
書き込むことができるワークシートを作成する。

4 提出箱を作成する

「イライラするとき」「やってよいこと、わるいこと」「お
ちつくためのほうほう」の提出箱３つを作成する。

取組み

1 授業のめあてや活動内容を説明する

授業のめあて「イライラしたときに落ち着く方法を考えよう」を生徒に伝える。これまでにイライラしたことがあるかを生徒に尋ねる。

2 どんな場面のときにイライラするかを考え、発表してもらう

1つ目のワークシートを生徒に配付し、イライラする場面に丸を付けてもらい、「イライラするとき」の提出箱に提出してもらう。提出箱を画面配信し、生徒たちに発表をしてもらい、それぞれの違いに気づいてもらう。

3 イライラしたときにやってよいこと、悪いことを考えてもらう

2つ目のワークシートを生徒に配付する。4つの行動を〇と×に分けてもらい、「やってよいこと、わるいこと」の提出箱に提出してもらう。提出箱を画面配信し、生徒たちに発表をしてもらう。他者に悪口を言ったり、物にあたったりすることはいけないことだと全員で確認する。

4 落ち着く方法を考えてもらう

３つ目のワークシートを生徒に配付する。イライラしたときに落ち着く方法を生徒たちに考えてもらい、「おちつくためのほうほう」の提出箱に提出してもらう。提出箱を画面配信し、生徒たちに発表をしてもらい、それぞれの違いに気づいてもらう。

落ち着くための自分なりの方法を考えよう

自分は、漫画よむ
音楽聞く

実践者よりひとこと

生徒によって不快を感じる場面が異なり、生徒たちは驚いていました。落ち着くための方法もそれぞれが異なり、友だちが考えた落ち着く方法が参考になったようです。しばしば怒ることがある生徒が「自分は怒ったことがない」と発言しており、自分の感情に気づいていないことがわかり、生徒理解にもつながりました。

27

小学校・中学校／教師

全教科・領域　知的・自閉情緒　熊本大学教育学部附属特別支援学校●上羽奈津美

支援者を対象としたケース会議

笑顔いきいき特別支援教育推進事業の巡回相談における手描き機能やカード作成

● 子どもの実態・授業形態

対象　授業等で課題を抱える児童生徒を支援する小学校や中学校の教師。

授業・実践　笑顔いきいき特別支援教育推進事業（熊本市）の巡回相談における支援者ケース会議。

● 実践概要

現状　学習に集中することが難しい、友だちとの関係がうまく築けない等、様々な課題をかかえる児童生徒にかかわる教師。

目標　支援内容を可視化することで、より多くの教師で共有しチームで支援できるようになる。

ロイロを使った手立て　[Tip 1][Tip 3][Tip11]
ケース会議内のつぶやきを手描き機能を使って記入し、ポイントとなるところをカードで貼り付ける（見やすさ）。

効果・成果　ケース会議で出し合った支援のアイデアを、学校生活の中で生かせるようになり、児童生徒の学校生活の充実につながった。

● 実践のポイント

相談する教師、巡回相談員が共通のツールであるロイロノートを使うことによって、現在の支援の可視化ができる。また、さらにケース会議内で出された支援のアイデアを学校内で共有することができる。

使い方

事前準備

1 カードを作成する

カードにケース会議内で話し合う内容を作成する。

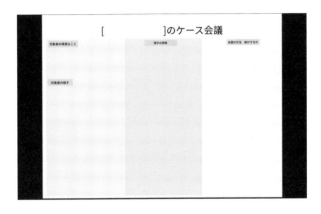

1 事前の情報共有

依頼された学校と電話連絡をする中で、対象者（巡回相談で挙げられた課題を抱える児童・生徒）の様子について聞き取り、対象者の様子の部分に記入する（可能であれば事前に担任か特別支援教育コーディネーターに「対象者の得意なこと」「対象者の様子」を記入しておいてもらう）。

2 授業参観

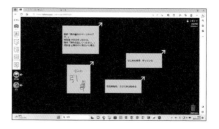

対象者の授業中の様子や、掲示物の文字や絵の特性、休み時間に周りの児童生徒と過ごす様子等を見ながら、カードに記入する。

3 ケース会議①
【対象者の様子・得意なことの共有】

はじめに参加者（担任、特別支援教育コーディネーター、養護教諭、管理職、専門家、巡回相談員等）全員で、対象者の様子の見取りを出し合い、様子の部分に書き出していく。授業参観時のカードも、様子を出し合う中で挿人する。

4 ケース会議②
【様子の背景を検討する】

様々な立場からの気づきを出し合う。専門家からの意見は、専門的な視点でのアドバイスが多いため、手描き機能で色を赤に替えて記入する。

5 ケース会議③
【支援の方法　誰がするか】

支援方法や役割分担は、順不同にそれぞれの先生方が意見を出すことが多いため、どこに入れるかを考える前に、カードにランダムに書き込んでいく。書いてまとめたカードを右記の内容に応じて並べるようにする。

会議後、ケース会議全体図をスクリーンショットして参加者全員と共有したり、資料箱や提出箱で共有したりするようにしている。

実践者よりひとこと

今回の取組みは、熊本市の特別支援教育推進事業の１つである「地区・ブロックによる支援体制の充実」の巡回相談の中で活用した例です。熊本市がロイロノートを活用しており、学校ごとにIDが違うため、巡回相談員か依頼校、どちらかのIDを使うことで、ケース会議時の使用が容易にできました。このように参加者が同じロイロノートというツールを使い、ケース会議で活用できたことで、その後のケース会議対象となった児童生徒の支援方法や支援体制の充実に生かすことができました。

〈参考文献〉
『第2次熊本市特別支援教育推進事業推進計画』熊本市教育委員会、2021年
『笑顔いきいき特別支援教育推進事業実施要項』熊本市教育委員会、2021年

28

小学校／全学年／教師

全教科　｜　障害の種類問わず　｜　熊本市教育委員会総合支援課特別支援教育室●井手尾美樹

ロイロノートで単元計画を立てよう!

カードとシンキングツールで単元全体をデザイン

● 子どもの実態・授業形態

対象	授業を担当するすべての教師
授業・実践	特別支援学級、通常の学級、全ての単元で活用。

● 実践概要

現状	ロイロノートサポートに提示されているプロット図授業案を参考に、学校全体で、パフォーマンス課題を設定した単元計画として取り組んだ。パフォーマンス課題を設定することで、児童がいきいきと目的をもって学習することができるよう、ゴールまでを見通した単元デザインを職員間で試行錯誤した。
目標	どんな力を身につけたいのかを明確にしながら、単元全体をデザインする。
ロイロを使った手立て	[Tip19]学習活動をカードにして単元全体を見通し、全体の展開について考える。 [Tip18]カードインカードでねらいや発問、ワークシートなども一緒に貼り付ける。 [Tip1]「アンケート」で、簡単に実態把握のためのアンケートを作り、そのまま児童に配付したり、指導案の中で他の先生とグラフになった児童の実態を共有する。
効果・成果	一枚のカードの中でワークシートなども入れ込みながら整理することで、単元全体を俯瞰することができる。 「資料箱」で共有することで、一人の先生の授業を学校全体の財産にできる。

● 実践のポイント

児童がこの単元で「何を学ぶか」を意識しながら、単元のゴールに向かう児童の姿を具体的に考えていく。パフォーマンス課題やルーブリックも入れて、単元のゴールに向かう児童の姿を具体的に考えながら作成できる。授業で使うワークシートを入れていくことができ、授業記録にもなり、職員間で共有しやすい。

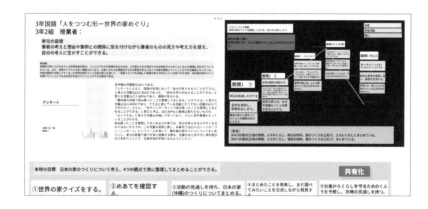

使い方

事前準備

1 型をつくる

単元名、授業者、目標、児童観、授業のプロット図など、大まかなものを入れ込んだ指導案を資料箱にアップロードする。

児童生徒の学習

家庭の支援

教師の支援

1 型に上書きしていく

それぞれの学年部で型を元に、学年で共有することを
話し合う。

2 アンケートを作成する

ロイロノートのアンケート機能を用いる。
項目ごとに回答の方法を選び、児童の実態アンケート
を作成する。作成後はカードを「送る」で児童に配付
する。

3 指導上の留意点などを追加する

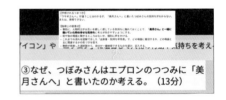

③なぜ、つぼみさんはエプロンのつつみに「美
月さんへ」と書いたのか考える。（13分）

［Tip 2］学習活動における詳細な「予想されるつまずき」
や「指導上の留意点」などを、カードをつなぐ機能で
書き加える。カードを重ねておくことで、タップすれ
ば詳細を見ることができるようにしておく。

4 授業で使用する ワークシートなどを入れる

授業で活用しやすいように、追加したり修正したりしながら本時と単元全体、目標とを照らし合わせながら、仕上げていく。

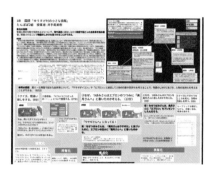

実践者よりひとこと

資料箱での共有で、ワークシート、パフォーマンス課題の取り入れ方、ルーブリックなど、「本時」と単元全体のつながりを意識し、他の先生の授業も参考にしながら自分の授業に生かすことができました。全職員で試行錯誤しながら取り組んだことで、授業づくりを通した対話が促され、何よりの学びになりました。

〈参考文献〉
「ロイロノートサポート」https://help.loilonote.app

知的障害や発達障害のある子どもとロイロノート

山崎智仁
旭川市立大学

知的障害や発達障害の障害特性を踏まえ、ロイロノートの機能を活用することで子どもたちの困り感は改善され、学びが深まります。そしてロイロノートを活用し、主体的に学習しようとするいきいきとした子どもの姿が見られるようになります。

知的障害や発達障害のある子どもへの支援にロイロノート・スクール（以下、ロイロノート）を活用することは非常に意義のあることだと考えています。むしろ、子どもたち一人ひとりに合わせた支援を行う上で、これほど彼らに合わせてカスタマイズできる教材は他にないのではないでしょうか。ここでは具体的に障害特性を踏まえたロイロノートの活用方法について、私が知的障害特別支援学校中学部の国語科にて行った俳句の学習を例に説明します。

知的障害・発達障害のある子どもの認知特性とロイロノート

例えば、授業のめあての確認といった導入を終えてすぐに「秋の夜」をテーマに俳句を作るよう促したとしたら、おそらくほとんどの子どもたちは困ってしまうでしょう。一般的に知的障害・発達障害のある子どもは想像したり、過去の体験を想起したりすることに苦手さがあるため、「秋の夜」と言われても何を書けばよいのかがわからなくなるかと思います。「秋の夜」に関するものを思い浮かべたとしても、ワーキングメモリーや実行機能の弱さからそのままでは俳句を作成しているうちに何を俳句で表

現したいのかがわからなくなることもあるでしょう。そこで多くの方は、はじめにテーマに関連するキーワードを考えたり、表現したい内容をある程度固めたりする時間を設けるかと思います。私はその際、あえて「秋の夜と聞いて、どんなことをイメージしますか？」といった開かれた質問を行います。

開かれた質問は想像力が問われるため、返答に困る子どもがいる反面、思いもよらぬ返答によって第三者に新たな気づきをもたらします。漠然としていて想像ができていなかった子どもが、友だちの意見を聞くことで想像できるようになるのです。一方、想像したり発表したりしている間に、どんな意見が出たかを忘れてしまうこともあります。

そのため、子どもたちから出た意見を教師がまとめ、カードに可視化しておくことで子どもたちは話し合いに集中することができるのです。

図1は、実際に子どもたちが話し合って出てきたキーワードをまとめたカードです。はじめのうちは想像できていなかった子どもも友だちの「月見」の意見から連想ゲームのように想像が膨らみ、様々な意見が出てきたことがわかるかと思います。

しかし、これらのキーワードだけでは、

月見　月見バーガー
月見団子　うさぎ　月
もちつき　　星　流れ星
満月　月食

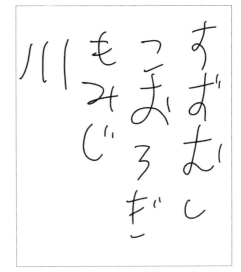

子どもたちが自由に俳句を作る上で手掛かりがまだ不十分です。子どもたちが過去に体験したことなどを想起できるようにテーマについてさらに深く理解することが必要でしょう。そこで、従来の学習活動では、写真やイラストを手掛かりとして使用していました。しかし、知的障害や発達障害のある子どもの中には聴覚優位な子どももいます。そこで、「虫の声」といった秋の夜に関する聴覚情報も取り入れた動画を作成し、ロイロノートで配付をしました。ロイロノートは、動画や音楽ファイルもカードに取り入れて配付、再生することができるため、認知特性の偏りにも対応できるのです。そして、それぞれの子どもたちにイヤホンをして動画を視聴してもらい、思いついたキーワードを自由にカードに書いてもらったのです。

　図2は、動画を視聴しながら子どもが書いたキーワードになります。動画の中に出てきた情報を集約したものになる傾向はありますが、俳句を作る上で手掛かりとなることは間違いありません。そして、それぞれの子どもたちが書いたカードを集約し、共有した上で俳句づくりを始めてもらいました。

知的障害・発達障害のある子どもの表出とロイロノート

　子どもたちに思い思いの俳句を考えてもらいたいという教師の願いに反し、「書字」という行為にとらわれ、困難や抵抗を示す子どももいます。その背景には、書きたい言葉があるものの文字が思い浮かばない、鉛筆を使ってきれいに書けない、書き間違えたくないといった子どもの思いがあるのです。

　本学習にも「書き間違い＝失敗」と捉えてしまう子どもがいました。彼は書き間違いをしてしまうと消しゴムで鉛筆跡が跡形もなくなるまで消そうとします。そして、真っ白にならないと怒ってワークシートを破り捨ててしまうのです。彼にとって鉛筆の跡は、失敗の跡でもあるのです。

　そこで、ロイロノートで五・七・五にマス

を区切ったカードを作成し、指、スタイラスペン、キーボード入力など自分の好きな方法で文字入力してよいことにしました。そして、書字に抵抗がある彼の様子を確認したところ、指ですらすらと文字を書き始めたのです。彼は日々、自分の不器用さを感じていたようで、「指のほうが思い通りに文字が書ける」と私に教えてくれました。また、書き間違えた際には「1つ戻る」ボタンを押して、間違えを消去していました。「1つ戻る」ボタンを押すときれいに消えるため、「失敗」として感じないようです。もちろん、怒る姿は見られなくなりました。

　身体に麻痺がある子どもはキーボード入力で文字を打ち込んでいました。上手く書けないこと、乱れた字になることなどを自分でも感じていたようで、「こっち（キーボード入力）のほうが良い」と笑顔で教えてくれました。キーボードになったことで誤字が減り、生産性も上がりました。

　図3は、先述した指で俳句を書いた子どもの作品です。最も書字に抵抗があった彼が、授業中に俳句を一番多く作るようになりました。「表現したいけど、上手く書けない」といった彼の困りをロイロノートで改善することができたのです。

知的障害・発達障害のある子どもの主体的・対話的で深い学びとロイロノート

　子どもたち全員の俳句ができあがったら、俳句の鑑賞会を行います。友だちの俳句を鑑賞し、内容について説明を聞くことで情景を想像したり、新たな表現の仕方に気づいたりする機会となります。一方、知的障害や発達障害のある子どもは、想像することや他者の立場になって考えることの苦手さなどから、友だちの発表に注目することが難しい場合があります。そこで、友だちが作った俳句のカードをロイロノートで配信し、手元で鑑賞できるようにしたり、どの部分について説明をしているのかがわかるように教師がポインター機能でラインを引いたりし、友だちの俳句に注目できるように工夫しました。友だちの俳句を鑑賞した後に感想カード（図4）の中から自分の感想に近いものを1つ選んで送るように設定したことで、友だちの俳句の魅力を考えながら鑑賞する子どもたちの姿が見られるようになりました。鑑賞後に、「〇〇さんの俳句のこの部分のリズムが良いと思いまし

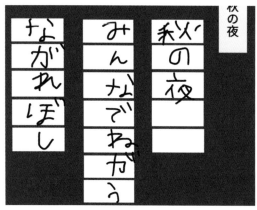

（図3）子どもが作った俳句の一例

（図4）友だちに送る感想カード

た」とカードを手掛かりに感想を述べたり、「□□の部分を真似してみます」と友だちの俳句のよさを取り入れようとしたりするようにもなりました。

場所や時間をつなぐロイロノート

俳句づくりに親しみ始めた頃に、子どもたちから宿題で俳句を作りたいと要望がありました。そこで、宿題用の提出箱を作成したところ、子どもたちから多くの作品が送られてきました。

図5の俳句からは、家族と楽しそうに鍋を食べる子どもの姿が思い浮かびます。家族と鍋を食べた後、すぐにその気持ちを俳句で表現して送ってくれたのかと思うと、とても温かい気持ちになりました。もちろん、私も、すぐにコメントをつけて返信をしました。

おそらく次の日になると、子どもの「鍋が美味しかった」記憶が弱まり、俳句の内容も異なっていたことでしょう。クラウドを介しているからこそいつでも利用でき、場所や時間が異なっていてもカードでつながることができるのもロイロノートの大きな魅力だと思います。

知的障害・発達障害のある子どもとロイロノート

本稿では、授業を例にして知的障害や発達障害の特性とロイロノートの活用について述べてみましたが、いかがだったでしょうか。子どもたちの障害特性を踏まえ、ロイロノートでできる支援方法を考えてみるのもよいのではないでしょうか。ロイロノートを活用し、子どもたちの「わかった」「できた」「やってみたい」を叶えることで、子どもたちはいきいきとした姿を見せてくれるでしょう。

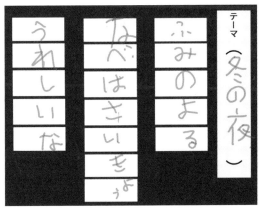

（図5）家庭から送られてきた俳句

関連情報

特別支援教育 × ロイロノート

多くの事例から実践の具体的なヒントを得るとともに、知識としての情報に触れておくことも必要でしょう。ここでは、監修者・編者等の発信している有益な情報がもりだくさんのサイトや関連記事に加え、類書に関する情報をご紹介します。

Facebookグループ

新時代を生きる力を育む! 知的障害・発達障害のある子どものICT活用を語ろう・実践しよう!!

本書の監修・編著者である水内、後藤、山崎の三先生がモデレーターを務める Facebook グループ。主に ICT 活用についての情報の共有が行われます。

https://www.facebook.com/groups/1094programming/

Teach U

特別支援教育のためのプレゼン教材サイト

編著者の後藤匡敬先生が管理する Web サイト。カスタマイズできる PowerPoint 教材を中心に配信しています。ロイロノート・スクールで活用できる教材も配信中。

https://musashi.educ.kumamoto-u.ac.jp/

Mizuuchi-Lab.

監修の水内豊和先生の note。不定期配信で、特別支援教育についての記事を読むことができます。

https://note.com/tmlab2003/

ロイロノート・スクール

シンキングツール（思考ツール）を学ぶ

ロイロノート・スクールで使えるシンキングツール（思考ツール）について、より深く知りたい方におすすめ。

https://n.loilo.tv/ja/thinkingtool

ロイロノート・スクール　**サポート**

【授業見学レポート】
熊本大学教育学部附属特別支援学校
鍵本優紀さんによるレポートです。

特別支援教育における
ロイロノート・スクール
活用実践
書籍

ロイロノート・スクールを活用した
実践例が紹介された書籍です。

新時代を生きる力を育む
知的・発達障害のある子の
プログラミング教育実践2

金森克浩 監修／水内豊和・齋藤大地 編著
ジアース教育新社、2021 年

特別支援教育
1人1台端末活用実践ガイド
〈自立活動他編〉

水内豊和・後藤匡敬 編著
明治図書、2022 年

特別支援教育
1人1台端末活用実践ガイド
〈各教科中心編〉

水内豊和・後藤匡敬 編著
明治図書、2022 年

国語、算数・数学
発達段階に合わせて学べる
学習課題 100

特別支援教育の実践研究会・是枝喜代治・
村山孝 編　明治図書、2023 年

ICT×特別支援
GIGAスクールに対応した
タブレット活用

特別支援教育の実践研究会 編
明治図書、2021 年

●著者紹介

[監修者]

水内豊和 （島根県立大学人間文化学部保育教育学科）

[編著者]

後藤匡敬 （熊本大学教育学部附属特別支援学校）
山崎智仁 （旭川市立大学）

[執筆者] （五十音順）

井手尾美樹 （熊本市教育委員会総合支援課特別支援教育室）

稲田健実 （福島県立相馬支援学校）

上羽奈津美 （熊本大学教育学部附属特別支援学校）

奥田隼人 （熊本大学教育学部附属特別支援学校）

小田貴史 （熊本大学教育学部附属特別支援学校）

小原一志 （岩手大学教育学部附属特別支援学校）

金森光紀 （富山大学教育学部附属特別支援学校）

小薗大将 （福岡県立小倉聴覚特別支援学校）

瀧脇隆志 （富山県立しらとり支援学校）

多田肇 （熊本大学教育学部附属特別支援学校）

日置健児朗 （熊本県立小国支援学校）

深谷久美子 （名古屋市立南特別支援学校）

福本幹彦 （熊本県立小国支援学校）

本川琢磨 （富山大学教育学部附属特別支援学校）

松本和也 （熊本県立小国支援学校）

村上精一 （熊本市立弓削小学校）

[執筆協力者]

鍵本優紀 （株式会社 LoiLo）

イラスト　くどうのぞみ（p.10, p.16）
ブックデザイン　佐藤 博

特別支援教育×ロイロノート
個別最適化された学び・協働的な学びを実現するICT活用

2023 年 9 月 1 日　初版発行　　2024 年 9 月 30 日　2 刷発行

監修者　水内豊和
編著者　後藤匡敬・山崎智仁
発行者　横山験也
発行所　株式会社さくら社
　　　　〒 101-0051　東京都千代田区神田神保町 2-20 ワカヤギビル 5F
　　　　TEL：03-6272-6715／FAX：03-6272-6716
　　　　https://www.sakura-sha.jp　郵便振替 00170-2-361913

印刷・製本　中央精版印刷株式会社

さくら社の理念

●書籍を通じて優れた教育文化の創造をめざす

教育とは、学力形成を始めとして才能・能力を伸ばし、目指すべき地点へと導いていくことでしょう。しかし、そこへと導く方法は決して一つではないはずです。多種多様な考え方、やり方の中から、指導者となるみなさんが自分に合った方法を見つけ、実践していくことで、教育文化は豊かになっていきます。さくら社は、書籍を通じてそのお手伝いをしていきたいと考えています。

●元気で楽しい教育現場を増やすことをめざす

教育には継続する力も必要です。同時に、継続には前向きな明るさ、楽しさが必要です。先生の明るい笑顔は子どもたちの元気を生みます。子どもたちの元気な笑顔で先生も元気になります。みんなが元気になることで、教育現場は変わります。日本中の教育現場が、元気で楽しい力に満ちたものであるために──さくら社は、書籍を通じて笑顔を増やしていきたいと考えています。

●たくましく豊かな未来へとつなげることをめざす

教育は、未来をつくるものです。教育が崩れると未来の社会が崩れてしまいます。教育がたくましくなれば、未来もたくましく豊かになります。たくましく豊かな未来を実現するために、教育現場の現在を豊かなものにしていくことが必要です。さくら社は、未来へとつながる教育のための書籍を生み出していきます。